WISSENSCHAFTLICHE BEITRÄGE
AUS DEM TECTUM VERLAG

Reihe Sozialwissenschaften

WISSENSCHAFTLICHE BEITRÄGE AUS DEM TECTUM VERLAG

Reihe Sozialwissenschaften

Band 65

Christoph Rohlwing

Homosexualität im deutschen Profifußball

Schwulenfreie Zone Fußballplatz?

Tectum Verlag

Christoph Rohlwing

Homosexualität im deutschen Profifußball.
Schwulenfreie Zone Fußballplatz?
Wissenschaftliche Beiträge aus dem Tectum Verlag:
Reihe: Sozialwissenschaften; Bd. 65

ISBN: 978-3-8288-3596-2

ISSN: 1861-8049

Umschlagabbildung: shutterstock.com © Maxisport

Umschlaggestaltung: Norman Rinkenberger | Tectum Verlag

Druck und Bindung: CPI buchbücher.de, Birkach
Printed in Germany

Besuchen Sie uns im Internet
www.tectum-verlag.de

Bibliografische Informationen der Deutschen Nationalbibliothek
Die Deutsche Nationalbibliothek verzeichnet diese Publikation in der Deutschen Nationalbibliografie; detaillierte bibliografische Angaben sind im Internet über http://dnb.ddb.de abrufbar.

INHALT

1 Zur Themenwahl 7
2 Einleitung 9
3 Die Konstruktion des Begriffs Männlichkeit 13
4 Die Konstruktion des Begriffs Homosexualität 27
5 Zwischenfazit 39
6 Das Interview als Methode 45
7 Homosexualität im deutschen Profifußball 49
8 Der Fall Thomas Hitzlsperger 59
8.1 Der Fußballprofi Thomas Hitzlsperger 60
8.2 Thomas Hitzlsperger: Der erste deutsche Fußballprofi bekennt sich zu seiner Homosexualität 61
8.3 Was hat Thomas Hitzlsperger nach über einem Jahr mit seinem öffentlichen Coming-out bewirkt? 64
9 Fazit 67
10 Abschließende Bemerkung 73
Anhang
Interview mit Corny Littmann 75
Literaturverzeichnis 95
Danksagung 99

1 ZUR THEMENWAHL

Bis Mai 2014 war ich selbst aktiver Fußballer und hatte schon vor meiner Einschulung angefangen, Fußball in einem Verein zu spielen. Dabei habe ich im Jugendbereich diverse Auswahlmannschaften (Stadtauswahl, DFB-Stützpunkt und Niedersachsenauswahl) durchlaufen. Da ich auf Vereinsebene im Jugendbereich in verschiedenen Spielklassen gespielt habe, bin ich mit den Strukturen und den Gegebenheiten im Jugendfußball seit Langem vertraut. Im Herrenbereich habe ich in der Saison 2010/2011 in der Regionalliga-Mannschaft des SV Wilhelmshaven gespielt. Aus eigener Erfahrung kann ich sagen, dass diese Vierte Liga ein schmaler Grat zwischen Amateur- und Profifußball ist. Zu Beginn der Saison wurde ich von einem älteren Spieler gefragt, ob ich denn eine Freundin hätte. Daraufhin antwortete ich mit einem Nein, worauf sofort die Frage folgte, ob ich schwul sei. Schwächen im Fußball, egal welcher Art, dürfen schon in den höher spielenden Jugendmannschaften nicht gezeigt werden und erst recht nicht im Herrenbereich. Der häufige Gebrauch von Ausdrücken wie „schwule Sau" oder „Schwuchtel" erweckt den Anschein, dass Homosexualität im Fußball als eine Schwäche betrachtet wird.

Es wäre sicherlich auch interessant herauszufinden, wie Amateurspieler mit dem Thema Homosexualität und Fußball umgehen oder wie mit diesem Thema im Frauenfußball (Amateur- und Profibereich) umgegangen wird. Allerdings möchte ich mich im Rahmen dieser Arbeit auf den Profibereich der Männer in Deutschland konzentrieren. Aufgrund meiner langjährigen Erfahrung, dem Coming-out von Hitzlsperger und dem Erlebnis im Jahr 2010 beim SV Wilhelmshaven habe ich mich für dieses Thema entschieden.

2 EINLEITUNG

Einerseits ist Homosexualität im deutschen Profifußball ein Tabu, andererseits ist es dennoch hochaktuell, wie es der Fall Cassano oder auch das Coming-out von Hitzlsperger verdeutlichen. Der 29-jährige italienische Nationalspieler Cassano fiel im Trainingsquartier zur Zeit der Europameisterschaft 2012 in Polen und der Ukraine aufgrund seiner schwulenfeindlichen Äußerungen negativ auf („Ich hoffe, dass keine Schwulen in der Mannschaft sind.") Erst nach heftiger Kritik von Homosexuellen-Vertretern und Politikern entschuldigte sich Cassano für seine Äußerung.[1]

Homosexualität ist in unserer heutigen Gesellschaft in vielen Bereichen kein Tabuthema mehr. In Deutschland sind ca. 10 bis 15 % der Männer homosexuell,[2] und in den ersten drei deutschen Profiligen gibt es 1581 Spieler.[3] Rein statistisch betrachtet ist es eher unwahrscheinlich, dass es keinen homosexuellen Profispieler in Deutschland gibt. Das zeigt auch die Aussage von Müller-Hohenstein (Sportjournalistin und Moderatorin des Aktuellen Sportstudios im ZDF): „Wenn man eine Fußballmannschaft als Abbild der durchschnittlichen männlichen Bevölkerungsstruktur hernimmt, so kann man davon ausgehen, dass es im deutschen Profifußball homosexuelle Spieler gibt."[4] Deshalb stellt sich für mich die zentrale Frage: „Warum outen sich im deutschen Profi-

---

1 Vgl. Semmler, Robert (2012)

2 Vgl. de Hek, Alexandra Martine (2011): S. 83.

3 Seidel, Matthias (2015)

4 Erb, Andreas/ Leibfried, Dirk (2011): S. 7.

fußball keine homosexuellen Spieler?" Daraus ergibt sich meiner Ansicht nach Folgendes:

Fußball ist ein echter Männersport. Homosexualität gilt nicht als männlich und bedeutet, nicht normal zu sein. Um dem Ideal eines männlichen Fußballers zu entsprechen, ist der Druck groß, die eigene Homosexualität geheim zu halten, weil niemand wissen kann, wie das Umfeld (eigene Mannschaft, Fans, Verein, Sponsoren usw.) reagiert.

Um meine These zu belegen bzw. zu widerlegen, werde ich zunächst die Begriffe Männlichkeit und Homosexualität näher beleuchten und versuchen zu klären, was man unter diesen Begriffen aus soziologischer Sicht versteht und wie sie konstruiert werden. Dann werde ich mich direkt mit dem Thema der Homosexualität im deutschen Profifußball befassen.

Des Weiteren habe ich ein Experteninterview mit Cornelius Littmann geführt. „Corny" Littmann, geboren 1952, lebt in Hamburg und ist Unternehmer sowie ehemaliger Präsident des FC St. Pauli. Littmann bekannte sich von Anfang an während seiner Tätigkeit als Präsident des FC St. Pauli zu seiner Homosexualität.

Den Leitfaden für das Interview habe ich in der Form von Klaus Konrad in die Makroplanung und die anschließende Mikroplanung unterteilt. In diesem Zusammenhang bestimmt die Makroplanung die Struktur des Interviews, und bei der Mikroplanung habe ich darauf geachtet, den Interviewten weder zu unter- noch zu überfordern.[5]

Aufgrund der Komplexität des Themas habe ich mich für das Prinzip der Triangulation entschieden.

> „Vereinfacht ausgedrückt bezeichnet der Begriff Triangulation, dass ein Forschungsgegenstand von (mindestens) zwei Punkten aus betrachtet – oder konstruktivistisch formuliert: konstituiert – wird. In der Regel wird die Betrachtung von zwei und mehr Punkten aus durch die Verwendung verschiedener methodischer Zugänge realisiert."[6]

---

5 Vgl. Konrad, Klaus (2011): S. 37.

6 Flick, Uwe (2011): S. 11.

Deshalb habe ich neben der Arbeit mit Literatur (1. methodischer Zugang) das Interview mit Herrn Littmann als Experten geführt (2. methodischer Zugang), um das Thema aus zwei unterschiedlichen Betrachtungsweisen zu beleuchten. Anschließend sollen Gemeinsamkeiten, aber auch mögliche Unterschiede zum untersuchten Thema (Homosexualität im deutschen Profifußball) herausgearbeitet werden, um den Blickwinkel nicht auf eine Sichtweise zu beschränken.

3 DIE KONSTRUKTION DES BEGRIFFS MÄNNLICHKEIT

Was versteht man unter Männlichkeit, wie konstruiert sich dieser Begriff, und welche symbolische Macht steht dahinter? Der folgende Abschnitt wird sich mit diesen Fragen befassen und klären, welche Bedeutungen und Auswirkungen der Begriff Männlichkeit für den Profifußball in Deutschland hat.

Die Konstruktion des Begriffs Männlichkeit kann von Nationalität zu Nationalität sehr unterschiedlich ausfallen. Littmann beschreibt, dass es heute im Gegensatz zu den 60er-, 70er- und 80er Jahren kaum eine Mannschaft in der Ersten und Zweiten Bundesliga gibt, die mehrheitlich deutsche Spieler in ihren eigenen Reihen hat.[7] Hier treffen also unterschiedliche Nationalitäten und Kulturen aufeinander. Dieser Aspekt spielt dabei eine ganz zentrale Rolle, weil diese ausländischen Spieler in der Regel ein Männerbild haben, „was sich sehr von unserem unterscheidet".[8] Dies verdeutlicht auch das Habituskonzept von Bourdieu und knüpft genau an diesen Punkt an. Wenn Bourdieu vom Habitus spricht, meint er damit zwar in erster Linie den Klassenhabitus,[9] jedoch ist es für ihn ein ganz zentraler Punkt, dass eine soziale Klasse nicht zuletzt dadurch bestimmt wird, welche Stellung und welchen Wert sie „den beiden Geschlechtern und deren gesellschaftlich ausgebildeten Einstellungen einräumt".[10] Für Bourdieu

---

7 Vgl. Interview mit Corny Littmann.

8 Interview mit Corny mit Littmann.

9 Vgl. Bourdieu, Pierre (1979): S. 279.

10 Meuser, Michael (2006): S. 114.

wird der Habitus von frühester Kindheit an durch die Auseinandersetzung mit der Welt sowie der Interaktion mit anderen ausgebildet.[11] „Im Körper ist der Habitus der Akteure präsent, die als systematische Schemata der Wahrnehmung, des Denkens und Handelns fungieren."[12] Insgesamt lässt sich festhalten, dass der Habitus einen Abgrenzungsmechanismus zu anderen gesellschaftlichen Schichten darstellt[13] und dadurch auch die Auffassung des Begriffs Männlichkeit innerhalb eines sozialen Milieus unterschiedlich interpretiert werden kann. Außerdem spricht Bourdieu bei seinem Habituskonzept auch von einem geschlechtlichen Habitus und untersucht das Geschlechterverhältnis näher. Dieser Geschlechtshabitus ist wie der Klassenhabitus zu verstehen und stellt einen gesellschaftlichen Orientierungsrahmen dar. Dabei konstruiert Bourdieu eine Vorstellung von der „gesellschaftlichen Konstruktion des Geschlechts."[14] Im Geschlechtshabitus kommen zwei Aspekte zum Ausdruck: einerseits die Strategie der Differenz und andererseits die Position im Gefüge der Geschlechterordnung.[15]

Meuser knüpft in seinem Werk zum Thema Geschlecht und Männlichkeit an Parsons an, der sich auf die Familiensoziologie bezieht. Für Parsons steht die Sozialisation der Kernfamilie im Mittelpunkt.[16] Er macht darauf aufmerksam, dass die Geschlechterrolle für die strukturelle Differenzierung von Gesellschaften in diesem Zusammenhang ohne eine deutliche Unterscheidung weiblicher und männlicher Rollen nicht möglich sei.[17] Dabei stellt er fest, dass der Vater für die Kinder den Prototyp der Männlichkeit darstellt.[18] Damit wird die Vorbildfunktion des Vaters deutlich, was wiederum Verhalten, Denkmuster und Handlungen der

---

11 Vgl. Gebauer, Gunter/ Kreis, Beate (2002): S. 33.

12 Bourdieu, Pierre (2005): S. 20.

13 Vgl. Bourdieu, Pierre (1979): S. 279.

14 Meuser, Michael (2006): S. 114.

15 Vgl. Meuser, Michael (2006): S. 121.

16 Vgl. Meuser, Michael (2006): S. 52-53.

17 Vgl. Meuser, Michael (2006): S. 54.

18 Vgl. Meuser, Michael (2006): S. 55.

Kinder beeinflusst. In der Art, wie der Vater den Begriff Männlichkeit für sich interpretiert und vorlebt, kann er das spätere Leben seiner Kinder beeinflussen. Demnach ist die Familie kein starres, mechanisches System, sondern stellt ein Beziehungsgeflecht dar, in dem nach Connell das soziale Geschlecht ausgehandelt wird.[19]

Bourdieu hat seinen Fokus zur Untersuchung des Begriffs Männlichkeit auf den homosozialen Aspekt gelegt. Seiner Meinung nach wird der männliche Habitus „konstruiert und vollendet nur in Verbindung mit dem den Männern vorbehaltenen Raum, in dem sich unter Männern die ernsten Spiele des Wettbewerbs abspielen."[20] Im Gegensatz dazu misst Connell der heterosexuellen Dimension ein stärkeres Gewicht bei, auf das im Folgenden näher eingegangen wird. Dabei ist die Ausgangslage für Männlichkeit nach Connell die gesellschaftliche Dominanz von Männern über Frauen.[21]

Der Ansatz von Connell und dessen Theorie der Männlichkeit basiert auf der Kategorie der Macht. Den Kern seiner Theorie bildet dabei der Begriff der Hegemonie.[22] Unter Hegemonie im Allgemeinen versteht man die Vorherrschaft einer Institution oder Organisation, aber auch die Überlegenheit eines Akteurs in politischer, religiöser oder kultureller Hinsicht.[23] In diesem Zusammenhang hat Connell zwei Achsen für seine Theorie entwickelt. Zum einen gibt es die Hauptachse der Machtstruktur, diese ist die Verknüpfung von Autorität mit Männlichkeit. Männlichkeit definiert sich dabei im Verhältnis von Mann zu Frau. Allerdings bestimmt sich Männlichkeit nicht nur aus dem Verhältnis der beiden Geschlechter, sondern auch aus den Beziehungen, die Männer untereinander haben. Damit gibt es neben der Hauptachse eine zweite Achse, die die Hauptachse aufgrund der Hierarchie von Autoritäten innerhalb der dominanten Geschlechterka-

19 Vgl. Connell, Robert W. (1999): S. 169.

20 Meuser, Michael (2006): S. 124.

21 Vgl. Meuser, Michael (2006): S. 122.

22 Vgl. Meuser, Michael (2006): S. 101.

23 Vgl. Dudenredaktion (1983)

tegorie Mann überlagert.[24] „Die doppelte Relation, in der die Männlichkeit ihre Kontur gewinnt – zum anderen und zum eigenen Geschlecht – fasst Connell mit dem Begriff der hegemonialen Männlichkeit."[25] Dadurch, dass die hegemoniale Männlichkeit die Verhältnisse der Männer auch untereinander strukturiert, kommt es zu Ausgrenzungen und Abwertungen anderer Formen von Männlichkeit. Es kommt zu einer Strategie der Ausschließung, denn sie enthält eine Normalitätsorientierung, auf deren Basis in Eigen- und Fremdtypisierung Grenzziehungen durchgeführt werden.[26] Diese Strategie der Ausschließung beinhaltet automatisch die Definition dessen, was unter Mannsein zu verstehen ist.[27] Das zentrale Merkmal hegemonialer Männlichkeit ist die Heterosexualität und wird für Connell am deutlichsten in der Institution Ehe hervorgebracht.[28]

In diesem Zusammenhang verdeutlicht Jösting, dass das heterosexuelle Paar einerseits ein geeigneter Ort sei, um Geschlechtsunterschiede darzustellen, und andererseits ein adäquater Ort, um jeden Unterschied zwischen den Beteiligten der Geschlechterdifferenz zuzuordnen. Des Weiteren sei das heterosexuelle Paar der Bereich, an dem sich die geschlechtliche Arbeitsteilung und die sexuelle Kontrolle von Frauen manifestiere. Vor diesem Hintergrund weise das kulturelle Konzept des heterosexuellen Paares dem Mann die dominante Rolle zu, sodass er ohne weiteres persönliches Zutun in diesem Lebensbereich die Vorherrschaft erfahre. Dies wiederum entspräche dem Ideal der hegemonialen Männlichkeit, da es seine kulturelle Bestimmung sei.[29]

Daraus ergibt sich, dass Homosexualität die stärkste ausgegrenzte Form von Männlichkeit erfährt und Homophobie der Kernbestand hegemonialer Männlichkeit ist. Für Connell ist das

---

24 Vgl. Meuser, Michael (2006): S. 101.

25 Meuser, Michael (2006): S. 101.

26 Vgl. Meuser, Michael (2006): S. 103.

27 Vgl. Meuser, Michael (2006): S. 104.

28 Vgl. Meuser, Michael (2006): S. 102.

29 Vgl. Jösting, Sabine (2007): S. 166.

homophobe Verhalten als Verteidigung der zentralen Institution der hegemonialen Männlichkeit zu verstehen.[30] Connell fasst das Entstehen und die Aufrechterhaltung der hegemonialen Männlichkeit abschließend zusammen:

> „Das Konzept der hegemonialen Männlichkeit begreift Männlichkeit nicht als eine Eigenschaft der individuellen Person, sondern als in sozialer Interaktion – zwischen Männern und Frauen und von Männern untereinander – (re)produzierte und in Institutionen verfestigte Handlungspraxis."[31]

Jetzt stellt sich die Frage, wie der Männlichkeitsbegriff in den unterschiedlichen Milieus definiert wird. Meuser und Scholz ziehen unterschiedliche empirische Untersuchungen heran, die zeigen, dass die Konstruktion von Männlichkeit in bestimmten sozialen Praxen erfolgt und es zum Teil sehr unterschiedliche Vorstellungen vom Begriff Männlichkeit gibt. Das spezifisch entworfene Männlichkeitsideal hat in der alltäglichen Praxis die Funktion eines regulatorischen Ideals für das Handeln des Mannes. Dadurch, dass sich das Handeln der Männer an diesem Ideal orientiert, wird gleichzeitig Männlichkeit reproduziert. Der Mann, der innerhalb eines sozialen Feldes dem entsprechenden Ideal am nächsten kommt, besitzt das höchste Prestige und soziale Macht. Demzufolge ist das Feld hierarchisch strukturiert. Hinzu kommt, dass das regulatorische Ideal ein Männlichkeitsideal ist, das den Akteuren meistens nicht bewusst ist, denn aus der Perspektive der Männer handelt es sich um ein allgemeines Ideal. Des Weiteren ist dieses regulatorische Ideal mit anderen sozialen Zugehörigkeiten wie soziale Herkunft, Generation oder Ethnizität verbunden[32] und damit ein weiterer Beweis dafür, dass die Vorstellungen von Männlichkeit von Milieu zu Milieu variieren können.

Bourdieu spricht, wie schon angedeutet, bei der Entstehung und Konstruktion von Männlichkeit von den ernsten Spielen des Wettbewerbs. Aufgrund von Bourdieus These zieht Meuser da-

---

30 Vgl. Meuser, Michael (2006): S. 104.

31 Meuser, Michael (2006): S. 105.

32 Vgl. Dinges, Martin (2005): S. 213.

raus die Schlussfolgerung, dass hegemoniale Männlichkeit eine institutionalisierte Praxis ist und sich in dem sozialen Feld konstituiert. Diese sozialen Felder sind historisch variabel und von Gesellschaft zu Gesellschaft unterschiedlich. Auf ihnen finden die zentralen Machtkämpfe statt, und auf diese Weise werden die gesellschaftlichen Einflusszonen festgelegt.[33] Außerdem wird hegemoniale Männlichkeit durch die soziale Praxis der gesellschaftlichen Elite (es können auch mehrere Eliten sein) definiert. Diese ist zahlenmäßig betrachtet eine Minderheit innerhalb der Bevölkerung, übt aber überdimensionalen Einfluss auf die Mehrheit aus. „In der sozialen Praxis der Elite bildet sich ein Muster von Männlichkeit aus, das kraft der sozialen Position der Elite hegemonial wird".[34] Allerdings gibt es keinen einheitlichen Hegemonialtyp. Es hatten zu verschiedenen Zeiten unterschiedliche Gruppen die soziale Macht. So war es zum Beispiel in Europa bis zur Aufklärung der Adel, der als hegemoniale Gruppe zu bezeichnen war und seine Männlichkeitsvorstellungen im institutionellen und politischen Rahmen festschrieb.[35] In diesem Zusammenhang ist es für Meuser entscheidend, dass hegemoniale Macht an gesellschaftliche Macht und Herrschaft gebunden ist, und für ihn erschließt sich diese Macht nicht primär in der Macht der Männer gegenüber Frauen, es ist vor allem die Macht über Männer.[36] Meuser merkt jedoch an, dass eine im Milieu vorherrschende Männlichkeit nicht gleich hegemonial sein muss. Sie ist nur dann als hegemonial zu bezeichnen, wenn „sie erfolgreich mit dem Anspruch milieuübergreifender Gültigkeit auftritt."[37] Meuser unterscheidet zwischen hegemonialer und untergeordneter Männlichkeit anhand eines Beispiels.

> „Die im traditionellen Arbeitermilieu vorherrschende, körperliche Stärke akzentuierende Männlichkeit setzt zwar Standards für Männer,

---

[33] Vgl. Meuser, Michael (2006): S. 130.

[34] Meuser, Michael (2006): S. 130-131.

[35] Vgl. Baur, Nina/ Luedtke, Jens (2008): S. 11.

[36] Vgl. Meuser, Michael (2006): S. 130-131.

[37] Meuser, Michael (2006): S. 131.

> die diesem Milieu angehören, vermag aber nicht über Milieugrenzen hinweg das gesellschaftliche Männlichkeitsideal zu bestimmen."[38]

Für Meuser ist dies keine marginalisierte, aber eine untergeordnete Männlichkeit, und dennoch besteht die Einheit von hegemonialer und untergeordneter Männlichkeit für ihn darin, dass beide einer homologen Strukturlogik folgen: „Sie formen sich beide in den ernsten Spielen des Wettbewerbs, den die Männer unter sich austragen."[39]

Baur und Luedtke untersuchen in ihrem Werk die soziale Konstruktion von Männlichkeit und legen bei ihren Untersuchungen den Fokus auf hegemoniale und auf marginalisierte Männlichkeiten in Deutschland. In diesem Zusammenhang ist die Erwerbsarbeit das zentrale Kriterium für die gesellschaftliche Integration und den Erwerb von sozialer Identität. Deshalb wird bis heute davon ausgegangen, dass der Grundsatz des Mannseins über seine Erwerbsarbeit definiert wird.[40] Weiter wird davon ausgegangen, dass Männlichkeit in erster Linie nicht biologisch bedingt ist, sondern sich sozial konstruiert.[41] Die Ausgangsfrage lautet daher: „Was macht den Mann zum Mann?"[42]

Männlichkeit ist in den Medien ein präsentes Thema und zeigt oft das Bild eines muskelbepackten, sportlichen Mannes, denn häufig treiben Männer nicht nur mehr Sport, sondern auch andere Sportarten als Frauen. Frauensportarten zeichnen sich durch Ausdauer und Gelenkigkeit aus, während es bei den Sportarten der Männer eher um Muskelaufbau geht. Beim Sport spielt auch die Ernährung eine zentrale Rolle. Allerdings ist das jeweilige Ernährungsverhalten von Männern und Frauen etwa mit Beginn der Pubertät sehr unterschiedlich. Männer essen nicht nur mehr als Frauen, für Männer ist vor allem das Essen von Fleisch typisch männlich. Daher können manche Männer verunsichert werden, wenn eine Frau mehr isst als er. Als typisch weiblich

---

38 Meuser, Michael (2006): S. 131.

39 Meuser, Michael (2006): S. 131.

40 Vgl. Baur, Nina/ Luedtke, Jens (2008): S. 7.

41 Vgl. Baur, Nina/ Luedtke, Jens (2008): S. 9.

42 Baur, Nina/ Luedtke, Jens (2008): S. 8.

wird hingegen das Essen von Salat oder Joghurt betrachtet. Damit kommt es zu einer Verfestigung und Verstärkung der biologisch gegebenen Unterschiede zwischen Männern und Frauen durch die Kombination aus Bewegungs- und Essverhalten.[43]

Aufgrund der Abgrenzung gegenüber Frauen und gegenüber anderen Männern liegt für Meuser eine doppelte Distinktionslogik vor. Dabei spielt bei der Einübung dieser doppelten Distinktion die Peergroup der gleichaltrigen männlichen Jugendlichen eine zentrale Rolle.[44]

> „Die Peergroup ist lebensgeschichtlich gewöhnlich der erste homosozial geprägte soziale Raum, den sich der heranwachsende Jugendliche erschließt, ein Raum außerhalb der Familie. Hier wird die Strukturlogik des männlichen Habitus gleichsam spielerisch angeeignet. Zu dieser Aneignung gehört eine Abgrenzung gegenüber Frauen sowie (zumindest phasenweise) gegenüber allem, was weiblich konnotiert ist."[45]

Neben dem zentralen Aspekt der Peergroup gibt es noch das Phänomen des Wettbewerbs und der Distinktion in der binnengeschlechtlichen Relation, welche gemeinsam betrachtet werden müssen.[46] Zahlreiche Studien haben gezeigt, dass bei männlichen Jugendlichen ein viel höheres Maß an wettbewerbsförmigem Risikohandeln zu beobachten ist als bei weiblichen Jugendlichen. Dieses Handeln ist dadurch gekennzeichnet, den eigenen Körper sowie auch den der anderen spielerisch in Gefahr zu bringen. Ein Beispiel hierfür ist die Fernsehsendung Jackass. In dieser Sendung setzen sich Männer freiwillig Gefahren aus, setzen ihren Körper aufs Spiel und versuchen dabei, sich gegenseitig zu überbieten.[47] Des Weiteren ist das Risikohandeln häufig mit starkem Gruppendruck verbunden, wobei das Gefährden des eigenen Körpers gleichzeitig die Anerkennung des geschlechtlichen Status stärkt.[48]

---

43 Vgl. Baur, Nina/ Luedtke, Jens (2008): S. 18.

44 Vgl. Meuser, Michael (2008): S. 36.

45 Meuser, Michael (2008): S. 36.

46 Vgl. Meuser, Michael (2008): S. 36.

47 Vgl. Meuser, Michael (2008): S. 36-37.

48 Vgl. Meuser, Michael (2008): S. 37.

In diesem Zusammenhang ist auch Gilmore zu erwähnen, der bei seiner Untersuchung zur gesellschaftlichen Konstruktion von Männlichkeit eine große Auswahl von Kulturen herangezogen hat. Bei seinen Forschungen hat er sich unter anderem mit den männlichen Bewohnern der Insel Truk im Südpazifik und ihren Männlichkeitsritualen befasst.

> „Am wichtigsten ist das Element des Wettbewerbs, der Druck, oben oder möglichst nahe an der Spitze des sozialen Gefüges zu sein. Um als stark zu gelten, darf ein Mann von keinem anderen übertroffen werden. Ein echter Mann darf in keiner Aktivität unterliegen; nichts soll ihm fehlen, was ein anderer besitzt."[49]

Im Alter von dreizehn fingen die Jugendlichen der Insel Truk an, Alkohol zu trinken, vor allem in Gruppen. Von „wirklichen Männern" werde erwartet, dass sie trinken. Außerdem werde nicht nur Alkohol konsumiert, sondern auch Tabak geraucht. Sowohl das Rauchen von Tabak als auch das Konsumieren von Alkohol seien Beschäftigungen, die den Mädchen verwehrt blieben. Wenn die heranwachsenden Jugendlichen dann einige Jahre älter seien, beteiligten sie sich auch zunehmend an Wochenendraufereien. Zusammenfassend seien die Truk-Insulaner der Auffassung, dass die Jungen nach Gelegenheiten suchen müssten, um „starke Gedanken" unter Beweis zu stellen. Dieses starke Denken bezeichneten die Insulaner auch als „männliches Denken", und es sei durch ein aggressives, draufgängerisches Auftrumpfen in öffentlichen Auftritten gekennzeichnet. Darüber hinaus sei dieses männliche Denken mit dem Suchen nach Herausforderungen und tollkühnen Risiken für Körper und Leben der Jungen verbunden.[50]

Die heranwachsenden Männer sind einerseits ständig gefordert, ihre Männlichkeit zu zeigen, was zusätzlich die Zerbrechlichkeit der eigenen Männlichkeit impliziert. Andererseits wissen sie durch ihre Gruppe, was zu tun ist, um sich als Mann zu beweisen. Daraus ergibt sich für die Akteure eine habituelle Sicherheit. Die ernsten Spiele des Wettbewerbs geschehen in den ver-

---

49 Gilmore, David D. (1990): S. 69.

50 Vgl. Gilmore, David D. (1990): S. 69.

schiedensten sozialen Feldern. Die dafür verwendeten Ausdrucksformen reichen von recht einfachen Wortgefechten über berufliche Hierarchiekämpfe bis hin zu Gewaltauseinandersetzungen.[51] Dies soll im Folgenden anhand von zwei Beispielen erläutert werden.

Wie bereits angedeutet, seien in vielen adoleszenten und postadoleszenten männlichen Subkulturen und Szenen gewaltförmige Auseinandersetzungen, in denen der eigene Körper häufig aufs Spiel gesetzt werde, eine übliche Form der ernsten Spiele des Wettbewerbs. Weiterführend erfolge je nach sozialem Kontext das Gewalthandeln mehr oder minder ritualisiert. Vor diesem Hintergrund könne das Schlagen der Mensur[52] in studentischen Verbindungen als hochgradig ritualisierte Form riskanten Körpereinsatzes herangezogen werden. Weniger ritualisiert hingegen seien die Kämpfe unter Hooligans, auch wenn sie keinesfalls völlig ungeregelt abliefen. In beiden Fällen jedoch ginge es darum, „seinen Mann zu stehen“, und dies geschehe dadurch, dass man den eigenen Körper bzw. dessen Unversehrtheit riskiere. Den besonderen „Kick“, den der Kampf auslöse, gebe es vor allem dann, wenn dabei auch die eigene Ehre eine Rolle spielt.[53]

Um noch einmal zur Ausgangsfrage zurückzukommen: Was macht eigentlich den Mann zum Mann? Wie gezeigt werden konnte, ist der Begriff Männlichkeit sehr komplex, und es gibt viele verschiedene Faktoren, die ihn beeinflussen. Die folgende Beschreibung fasst die soziale Konstruktion von Männlichkeit wie folgt zusammen:

> „Anerkennung als Mann erwirbt man dadurch, dass man sich dem Wettbewerb mit Geschlechtsgenossen stellt, wenn nötig bis zum bitteren Ende. Selbst die Beschädigungen des eigenen Körpers, die unter Umständen zustande kommen, können als Zeichen sozialer Anerken-

---

51 Vgl. Meuser, Michael (2008): S. 38.

52 Studentischer Zweikampf mit Schläger oder Säbel. Vgl. Dudenredaktion (1983)

53 Vgl. Meuser, Michael (2008): S. 39.

> nung fungieren. Der Kick und die Ehre gehören untrennbar zusammen. Im Durchhalten reift der Adoleszente zum Mann."[54]

Ist das Risikohandeln männlicher Adoleszenter Teil einer „ganz normalen" Entwicklung? Gibt es daher eine Art Sog, dem sich die männlichen Jugendlichen von den ernsten Spielen des Wettbewerbs nicht entziehen können, um als männlich zu gelten? In diesem Zusammenhang beschreibt Meuser den Wettbewerb, der häufig die Gestalt des Risikohandelns aufweist, als normale Entwicklung männlicher Heranwachsender. Es ist für ihn eine entwicklungsphasentypische Form der ernsten Spiele des Wettbewerbs, und das Risikohandeln lässt sich im Sinne von Bourdieu als Strukturübung verstehen. Allerdings weist Meuser darauf hin, dass die ernsten Spiele des Wettbewerbs auch weiterhin unter erwachsenen Männern stattfinden. Sie finden lediglich in anderen sozialen Räumen statt, besonders in den Bereichen des Berufs oder der Politik, und werden nach den dort gegebenen Regeln gespielt.[55]

> „Das Risikohandeln lässt sich als eine entwicklungsphasentypische Steigerung der Strukturlogik des männlichen Geschlechtshabitus begreifen. Gerade weil diese Logik gleichsam übertrieben in Szene gesetzt wird, fungiert das Risikohandeln als eine Strukturübung."[56]

Nach Meuser folgt daraus die Konsequenz, dass in diesen Strukturübungen nicht nur die Spielregeln der ernsten Spiele des Wettbewerbs angeeignet werden, hier lernen die männlichen Heranwachsenden auch, diese Spiele zu lieben. Dies wiederum verschaffe ihnen einen entscheidenden Gender-Vorteil bei der Besetzung von Spitzenpositionen im Beruf. In den USA seien mittlerweile über 40 % der Positionen im mittleren Management mit Frauen besetzt. Allerdings läge ihr Anteil bei den hohen Managementpositionen bei nur 5 % und in Top-Positionen sogar nur bei 1 %. Ein Grund dafür sei, dass Frauen der Zugang schlichtweg verwehrt werde, es also zu einer sozialen Schließung komme. Des Weiteren lehnten es die meisten hoch qualifizierten

---

54 Meuser, Michael (2008): S. 40.

55 Vgl. Meuser, Michael (2008): S. 41.

56 Meuser, Michael (2008): S. 42.

Frauen ab, sich an diesem erbarmungslosen Konkurrenzkampf um Spitzenpositionen zu beteiligen. Nach Meuser lehnten sie dies aus dem Grund ab, weil sie zwar die Spielregeln durchschauten, es aber, im Gegensatz zu den Männern nicht oder nicht in dem Maße wie die Männer gelernt hätten, den Wettbewerb als solchen zu lieben.[57]

An dieser Stelle soll noch einmal auf die studentischen Verbindungen (Mensurschlagen) und den Kämpfen unter Hooligans eingegangen werden. Sowohl die Welt der studentischen Verbindungen als auch die der Hooligans haben für Meuser trotz aller Unterschiede eines gemeinsam: Es seien auf den Wettbewerb ausgerichtete, strukturierte soziale Orte, in denen sowohl grundlegende Gemeinsamkeiten zwischen Männern als auch Hierarchien von Männlichkeit hergestellt würden. In diesem Zusammenhang sei die Geschlechtslogik, nach welcher der Wettbewerb funktioniere, jeweils die gleiche. Allerdings seien die Spiele, mit denen der Wettbewerb ausgetragen werde, von unterschiedlicher Natur und nicht miteinander gleichzusetzen. Daran anknüpfend seien die Subkulturen von Hooligans und von studentischen Verbindungen im selben Augenblick ähnlich und verschieden. Einerseits seien beide als „typisch männliche Kulturen" identifizierbar, aber andererseits doch grundverschiedenen Welten angehörend. Das in studentischen Verbindungen häufig praktizierte Mensurschlagen ließe sich als eine dem „verfeinerten" Habitus des bürgerlichen Milieus entsprechende Form des Riskierens des eigenen Körpers begreifen und unterscheide sich dementsprechend von Schlägereien zwischen Hooligans.[58]

Rückblickend stellt sich hier für mich die Frage, ob die Jugendlichen und Männer diesen Wettbewerb eigentlich nur dann lieben lernen können, wenn sie die Auseinandersetzungen mit anderen innerhalb des Wettbewerbs erfolgreich bestehen. Meiner Meinung nach wird niemand etwas lieben können, bei dem er immer wieder scheitert und daher keine Erfolge erringt. Das Lie-

57 Vgl. Meuser, Michael (2008): S. 42.

58 Vgl. Meuser, Michael (2008): S. 42.

ben des Wettbewerbs könnte eventuell eine selektierende Funktion haben, denn die Männer, die sich nicht erfolgreich in den ernsten Spielen des Wettbewerbs behaupten und demzufolge diese Spiele nicht lieben lernen können, werden im Sinne eines Selektionsmechanismus aussortiert. Damit sind die Spitzenpositionen im Berufsleben denen vorbehalten, die die Spiele erfolgreich für sich gestalten und damit verbunden diese ernsten Spiele des Wettbewerbs lieben lernen. Auch wenn sich Meuser mit dem Punkt vom „lieben Lernen des Wettbewerbs" nicht näher befasst, kommt er zu dem Schluss, „dass die Verzahnung von Wettbewerb und Solidarität das Prinzip ist, das der Konstruktion von Männlichkeit in den unterschiedlichsten Kulturen zugrunde liegt."[59]

---

[59] Meuser, Michael (2008): S. 43.

4 DIE KONSTRUKTION DES BEGRIFFS HOMOSEXUALITÄT

Bei der Thematisierung von Männlichkeit und seiner Konstruktion beschränkt sich die Forschung im deutschsprachigen Raum meistens auf den Bereich der heterosexuellen Männer.[60] „Homosexuelle Männlichkeit wird nur in Ausnahmefällen und meist nur im Singular thematisiert".[61] Um diese etwas eingeschränkte Sichtweise zu verlassen, soll der Begriff Homosexualität mithilfe der Beantwortung folgender Fragen näher beleuchtet werden: Welche Eigenschaften verbindet die Gesellschaft mit Homosexualität? Wie wird Männlichkeit von homosexuellen Männern konstruiert? Wie sieht das Verhältnis von hegemonialer und homosexueller Männlichkeit aus? Welche Bedeutung hat ein Coming-out für einen homosexuellen Mann, und warum halten schwule Profifußballer in Deutschland ihre wahre Identität geheim? Was bedeutet Homophobie, und was ist der Ursprung homophoben Verhaltens?

Connell ist der Auffassung, dass es innerhalb der westlichen Welt keine Beziehung unter Männern gibt, die eine höhere symbolische Last trägt als die zwischen Schwulen und Heterosexuellen. In diesem Zusammenhang handle es sich nicht um eine persönliche, sondern um eine kollektive Beziehung, die sich auf der gesamtgesellschaftlichen Ebene bezüglich des sozialen Geschlechts auswirke. Connell begründet diesen Zustand damit, dass die patriarchale Kultur eine ganz einfache Erklärung für

60 Vgl. Krell, Claudia (2008): S. 265.

61 Krell, Claudia (2008): S. 265.

schwule Männer habe, indem behauptet wird, dass es ihnen an Männlichkeit fehle.[62] Das Patriarchat meint wörtlich übersetzt die Vaterherrschaft und beschreibt demnach ein System von sozialen Beziehungen, das von Vätern oder auch von Männern im Allgemeinen geprägt ist.[63]

> „Die Vorstellung von der fehlenden Männlichkeit hat ihre Grundlage offensichtlich in der in unserer Kultur vorherrschenden Meinung über das Mysterium der Sexualität: Gegensätze ziehen sich an. Wenn jemand von Männlichkeit angezogen wird, dann muss diese Person weiblich sein – und wenn es ihr Körper nicht ist, dann irgendwie ihre Psyche. Diese Argumentation ist nicht sehr stimmig, aber omnipräsent."[64]

Daran anknüpfend merkt Krell an, dass Homosexuelle, unabhängig von Mann oder Frau, Sexualitäts- und Geschlechternormen herausfordern. Sie beschreibt die Ambivalenz beim Entwurf eines Männlichkeitskonzeptes, dem die homosexuellen Männer ausgesetzt sind. Ihrer Meinung nach können sich homosexuelle Männer beim Entwurf eines Männlichkeitskonzeptes überwiegend nicht auf heterosexuelle Konzepte stützen. Gleichzeitig sind schwule Männer dem Druck ausgesetzt, ihre Männlichkeit in der Auseinandersetzung mit gesamtgesellschaftlichen Bildern zu entwerfen. Allerdings herrscht in der Gesellschaft das Vorurteil, Homosexuelle seien nicht männlich, ein Mannsein wird ihnen eindeutig abgesprochen.[65]

Betrachtet man nach Connell das Verhältnis zwischen hegemonialer und homosexueller Männlichkeit, ist es historisch betrachtet sowohl von der Kriminalisierung sexueller Beziehungen zwischen Männern als auch durch Einschüchterung und Gewalt gegenüber homosexuellen Männern gekennzeichnet.[66] Innerhalb der männlichen Geschlechterhierarchie ist die homosexuelle Männlichkeit ganz unten angesiedelt, und ihr Ausschluss wird

---

62 Vgl. Connell, Robert W. (1999): S. 165.

63 Vgl. Dudenredaktion (2000)

64 Connell, Robert W. (1999): S. 165.

65 Vgl. Krell, Claudia (2008): S. 265.

66 Vgl. Connell, Robert W. (1999): S. 176.

durch die symbolische Nähe zum Weiblichen vollzogen. Aufgrund der gleichgeschlechtlichen Partnerwahl wird auf der Grundlage der gespaltenen Struktur der zweigeschlechtlichen Ordnung daraus die Konsequenz gezogen, dass homosexuellen Männern ihre Männlichkeit aberkannt wird und deshalb Schwule verweiblicht werden.[67]

Es stellt sich an dieser Stelle die Frage, warum Homosexualität als „abnormal" betrachtet wird. Wenn sich ein Mann für einen anderen Mann als Sexualobjekt entscheidet, entscheidet er sich ja nicht nur für einen Körper mit Penis, sondern es ist gleichzeitig eine Entscheidung für verkörperte Männlichkeit. Es sind die gesellschaftlichen Merkmale von Männlichkeit enthalten, und deshalb sind die schwulen Männer aus dieser Sichtweise betrachtet doch ganz „normal". Allerdings besitzt die hegemoniale Männlichkeit öffentliche Autorität und diese kann nicht einfach herausgefordert werden.[68]

> „Aber aus der Sicht hegemonialer Männlichkeit wird diese ‚Normalität' der Schwulen durch die falsche Objektwahl in der Sexualität völlig entwertet. Von daher ist das übliche heterosexuelle Schwulenstereotyp immer noch die Tunte mit der Fallhand. Diese Verkehrung ist ein strukturelles Merkmal von Homosexualität in einer patriarchalen Gesellschaft, und zwar völlig unabhängig von Persönlichkeit oder Identität von Schwulen."[69]

Die hier dargelegten Aspekte erwecken immer mehr den Anschein, dass es gesellschaftliche Normen gibt, die eine Art Richtwert sind. Diese gesellschaftlichen Normen definieren Normalität. Gleichzeitig ist Normalität ein Abgrenzungsmechanismus von allem, was nicht den gesellschaftlichen Normen entspricht. Es gibt zwar Bereiche in der Gesellschaft (z. B. die politische Klasse), in denen Homosexualität akzeptiert wird, Homosexualität ist hier also ein Teil der Gesellschaft. Andere gesellschaftliche Bereiche wie der Profifußball in Deutschland werten Homosexualität möglicherweise als nicht normal. Das Nichtnormalsein, den

---

67 Vgl. Krell, Claudia (2008): S. 266.

68 Vgl. Connell, Robert W. (1999): S. 178.

69 Connell, Robert W. (1999): S. 178-179.

Vorstellungen und Erwartungen nicht zu entsprechen, führt zur Ausgrenzung.

Der dargelegte Prozess lässt sich mit dem Begriff Heteronormativität verdeutlichen. Heteronormativität setzt sich aus Heterosexualität und Normativität zusammen. Heterosexualität bedeutet, sich auf das jeweils andere Geschlecht bezüglich des sexuellen Empfindens und Verhaltens zu richten. Normativität ist mit Verbindlichkeit beziehungsweise als normgebend zu übersetzen.[70] Daraus lässt sich schlussfolgern, dass Heteronormativität eine Sichtweise darstellt, die Heterosexualität als eine soziale Norm ansieht. Zum einen bringt die Heteronormativität die sozial hergestellte Heterosexualität zum Ausdruck, und zum anderen besitzt sie die Macht, auf diesen Prozess zu verweisen. Dadurch wird die Heterosexualität als Norm für die Geschlechterverhältnisse benannt.[71] Heteronormativität verfolgt ein strukturierendes Prinzip. Dadurch, dass es die Menschen in zwei Formen von Geschlechtern drängt, die körperlich und sozial eindeutig voneinander abgegrenzt sind, wirkt sich dieses strukturierende Prinzip auf zwei Ebenen aus. Die erste Ebene stellt eine klar definierte Ordnung bezüglich der Geschlechtsidentitäten und sexuellen Orientierungen her. Damit werden automatisch alle nicht-heterosexuellen Formen des Lebens ausgeschlossen. Auf der zweiten Ebene strukturiert die Heteronormativität das Zusammenleben der Menschen auch außerhalb ihrer Sexualität und ihrem Begehren, weil sich die Heterosexualität als ein umfassendes gesellschaftliches Ordnungssystem etabliert hat.[72] Davon ausgehend gibt Hertling folgende Zusammenfassung für den Begriff Heteronormativität:

> „Die Abwertung von Homosexualität ist nicht nur ein bedeutsamer Bestandteil der heterosexuellen Männlichkeitskonstruktion, sondern ein Eckpfeiler einer jeden heterosexistischen Gesellschaft. Die Norm der Heterosexualität, die sogenannte Heteronormativität, ist bei näherer Betrachtung in nahezu allen Bereichen des Lebens gegenwärtig. Sie bezeichnet die gedankliche Grundhaltung, welche sowohl die unreflek-

---

70 Vgl. Dudenredaktion (2000)

71 Vgl. Ziegler, Meinrad (2008): S. 13.

72 Vgl. Ziegler, Meinrad (2008): S. 13.

> tierte Annahme der Zwei-Geschlechter-Ordnung mit den sozial konstruierten, dichotom verstandenen Geschlechtern Mann und Frau beinhaltet, als auch die hiermit verbundene soziale Norm der Heterosexualität, aus der sich die abwertende Haltung gegenüber Homosexualität erklärt."[73]

Heteronormativität lässt sich nach der Auffassung von Hertling vor allem in der Politik, der elterlichen Erziehung sowie der institutionellen Bildung und Erziehung wiederfinden. Allerdings möchte ich anmerken, dass die Politik augenscheinlich eine gewisse Sensibilisierung zum Thema Homosexualität erfahren hat. Vor diesem Hintergrund nennt Ulrich die Beispiele Guido Westerwelle und Klaus Wowereit. So hatte Westerwelle Jahrzehnte damit gewartet, sich zu seiner Homosexualität zu bekennen. Wowereit gab seine Homosexualität mit einem stolzen „Und das ist auch gut so" der Öffentlichkeit preis.[74] Am Ende ihrer jeweiligen Coming-outs waren beide Politiker auch weiterhin Bestandteil der Politik. Dennoch zeigt Hertling auf, dass nun gerade sozialisatorische Instanzen Bereiche sind, in denen Heteronormativität und Homophobie[75] zum Ausdruck kommen.[76] Heteronormativität scheint ein allgegenwärtiger und in der Gesellschaft tief verwurzelter Prozess zu sein. Meiner Auffassung nach sind Heteronormativität und Männlichkeit eng miteinander verbunden, es liegt zwischen ihnen eine Art Wechselbeziehung vor. Neben den biologisch und vor allem sozial konstruierten Begriffen Heteronormativität und Männlichkeit stellt sich für mich die Frage, inwiefern beide Aspekte ihre gemeinsamen Wurzeln in der Evolution haben. Liegt die Nicht-Akzeptanz von Homosexualität vielleicht daran, weil Homosexualität als Form des Sexuallebens die Fortpflanzung verhindert? Homosexualität könnte als Bedrohung angesehen werden, weil nur Heterosexualität das Überleben der eigenen Gattung durch Fortpflanzung sichert.

---

73 Hertling, Thomas (2011): S. 23.

74 Ulrich, Bernd (2014)

75 Den Begriff Homophobie werde ich im weiteren Verlauf noch eingehend erläutern.

76 Vgl. Hertling, Thomas (2011): S. 23.

Die eigene Homosexualität absichtlich und bewusst öffentlich zu machen, wird als Coming-out bezeichnet[77] und ist ein weiteres wichtiges Kriterium für die Untersuchung des Begriffs Homosexualität. Nach Krell ist das Coming-out ein komplexer Prozess, bei dem die Bewusstwerdung und die Erkenntnis der eigenen Homosexualität als inneres Coming-out bezeichnet werden. Unter dem äußeren Coming-out ist die Thematisierung der Homosexualität gegenüber der sozialen Umwelt zu verstehen.[78]

Im folgenden Abschnitt soll verdeutlicht werden, welchem Druck und welcher Ambivalenz homosexuelle Männer bei einem Coming-out und der eigenen Konstruktion von Männlichkeit ausgesetzt sind. Das Coming-out und männliche Sozialisationsprozesse überlagern sich und gehen eine Wechselbeziehung ein, weil schwule Männer als Jungen in einer heterosexuell normierten Welt aufwachsen und damit verbunden eine gesellschaftsspezifische Sozialisation durchlaufen. In diesem Zusammenhang werden ihnen bestimmte männliche Ausdrucksformen vermittelt. Es kommt zu einem Sich-Einlassen auf hegemoniale Männlichkeit, und das Gebilde hegemonialer Männlichkeit wird übernommen.[79] Die Bedeutung und die Ambivalenz, die hinter einem äußeren Coming-out steckt, beschreibt Krell wie folgt:

> „Die potenzielle Gefährdung von Männlichkeit durch Prozesse des äußeren Coming-outs schlägt sich darin nieder, dass das äußere Coming-out in den Kontext von Handlungen gestellt wird, die stereotype Vorstellungen von Männlichkeit abbilden. Die mögliche Beschädigung männlicher Identität durch die Homosexualität auf der einen Seite soll so z. B. durch beruflichen Erfolg auf der anderen Seite ausgeglichen werden. Die Unterordnung homosexueller Männlichkeit zeigt sich im homosozialen Umfeld in der Problematisierung des Coming-outs gegenüber heterosexuellen Männern, da Schwule hier riskieren, aufgrund der Homosexualität abgewertet zu werden."[80]

---

[77] Vgl. Dudenredaktion (2000)

[78] Vgl. Krell, Claudia (2008): S. 269.

[79] Vgl. Krell, Claudia (2008): S. 270.

[80] Krell, Claudia (2008): S. 271-272.

Es herrscht Druck in doppelter Hinsicht. Zum einen entspricht Homosexualität nicht der gängigen Auffassung von Männlichkeit. Deshalb stellt ein äußeres Coming-out häufig einen großen Schritt im Leben eines schwulen Mannes dar. Zum anderen kommt es zu präventiven Maßnahmen als Schutzreaktion gegen die eigene Beschädigung männlicher Identität durch die Offenlegung der Homosexualität. Um nach außen hin als besonders männlich zu wirken, wird zum Beispiel ein hohes Maß an beruflichem Erfolg angestrebt. Schwul zu sein kann von außen also auch als eine Art Schwäche betrachtet werden, der dann seitens der homosexuellen Männer mit großem beruflichem Erfolg entgegengetreten wird. Einerseits öffnen sich schwule Männer durch ein Coming-out, geben ihre sexuelle Identität der Öffentlichkeit preis und können dadurch, ohne ein Doppelleben führen zu müssen, ihren sexuellen Bedürfnissen nachgehen. Andererseits riskieren es die homosexuellen Männer, von anderen heterosexuellen Männern und aus Bereichen der Gesellschaft ausgegrenzt zu werden.

In diesem Zusammenhang macht Littmann auch auf mögliche Kompensationstaktiken von homosexuellen Profifußballern aufmerksam, die ein Doppelleben führen, um nicht aufzufallen. Dieses Doppelleben beschränkt Littmann jedoch nicht nur auf den Profifußball. Seiner Meinung nach müsse man nur auf die Statistik, der Gelben und Roten Karten schauen, die ein Fußballer habe. Nur um den Verdacht, schwul zu sein, gar nicht aufkommen zu lassen, ist die Reaktion genau anders herum (das Einsteigen in den Zweikampf ist härter). Schließlich seien die Fußballer, die besonders hart in die Zweikämpfe gingen und den Gegner immer wieder foulten, die harten Typen.[81]

> „Ich glaube, dieses Doppelleben, das ist nicht auf schwule Fußballer beschränkt. Bei denen ist es natürlich extrem, weil sie in jedem Moment, und das ist für einen Hetero immer schwer nachvollziehbar, in jedem Moment darauf achten, dass sie gar nicht erst den Anschein erwecken, sie könnten schwul sein. Im Zweifel sind die schwulen Fußballer diejenigen, die die schmutzigsten Frauenwitze erzählen, die immer eigentlich einen Schritt im Voraus mal schon sagen, pro-

81 Vgl. Interview mit Corny Littmann.

> phylaktisch verhalte ich mich so heterosexuell, dass gar nicht erst in meinem sozialen Umfeld der Verdacht aufkommt, ich könne schwul sein."[82]

Nun kommt es zu der Frage, wie homosexuelle Männer Männlichkeit konstruieren. Aufgrund der Abgrenzung von hegemonialen Männlichkeitsbildern und einem gleichzeitig vorhandenen Bedürfnis, in der traditionellen Männerwelt akzeptiert zu werden, entstehen Ambivalenzen. Deshalb kommt es zu einem schwulen Ideal, das sich bei der eigenen Konstruktion von Männlichkeit weitestgehend an hegemonialer Männlichkeit orientiert.[83]

Dies verdeutlicht auch der Standpunkt von Bourdieu, der Homosexualität unter der Perspektive symbolischer Herrschaftsbeziehungen untersucht. Bourdieu versteht unter symbolischer Herrschaft vor allem, dass homosexuelle Männer, die die Rolle der Beherrschten einnehmen, dazu neigen, den Standpunkt der Herrschenden zu vertreten und einzunehmen.[84]

Des Weiteren kann verweiblichte schwule Männlichkeit als untergeordnete schwule Männlichkeit betrachtet werden. In diesem Zusammenhang macht Krell darauf aufmerksam, dass eine Einbeziehung weiblicher Persönlichkeitsanteile gerade bei jüngeren Schwulen festzustellen sei, und dies positiv betrachtet als eine größere Freiheit von geschlechtsspezifischen Normen betrachtet werden kann. Der Großteil homosexueller Männer scheint aber eine Mischform aus traditioneller instrumenteller und mehr emotionaler Männlichkeit zu leben. Die aufgezeigten Ambivalenzen sowie umfassenden Interaktions- und Wechselbeziehungen zwischen hegemonialer und schwuler Männlichkeit verdeutlichen, dass es nicht nur heterosexuelle Männlichkeit, sondern auch schwule Männlichkeit gibt.[85] Außerdem würde man bei der Untersuchung des Begriffs der Männlichkeit dem Begriff und den schwulen Männern nicht gerecht werden, betrachtete man Männlichkeit nur aus der Perspektive der Heterosexualität.

---

82 Interview mit Corny Littmann.

83 Vgl. Krell, Claudia (2008): S. 276.

84 Vgl. Krell, Claudia (2008): S. 266.

85 Vgl. Krell, Claudia (2008): S. 276.

Die aufgeführten Punkte machen deutlich, dass das Leben eines homosexuellen Mannes sehr viel schwieriger sein kann als das eines heterosexuellen Mannes. Ein homosexuelles Leben hat mehr Hindernisse zu überwinden und es gibt mehr Umwege als auf dem heterosexuellen Weg. Es gibt auch immer wieder Vorfälle, bei denen schwule Männer gewalttätigen oder emotionalen Übergriffen ausgesetzt sind.[86] In diesem Zusammenhang soll nun der Begriff Homophobie näher beleuchtet werden. Homophobie zeigt sich dadurch, dass Homosexualität als eine Störung von heterosexuellen Normen wahrgenommen wird.[87]

> „Homophobie meint eine Furcht der Heterosexuellen, eine Furcht, deren Bestand bereits erahnen lässt, dass Zweifel an der eigenen heterosexuell-männlichen Identität und dem eigenen Verständnis von Männlichkeit bestehen könnten. Dies meint nicht nur, dass die Angst vor eigenen homophilen Neigungen ursächlich für Homophobie sein kann, sondern alleine schon die Ahnung, normative Vorgaben an Männlichkeit nicht erfüllen zu können oder im tiefsten Inneren nicht erfüllen zu wollen."[88]

Hertling ist der Auffassung, dass Homophobie nicht erst mit einem physischen oder psychischen Angriff und der damit verbundenen sichtbaren sowie bewussten Verletzung eines homosexuellen Menschen einsetzt. Überall, wo es Ungleichbehandlungen von Homosexuellen gibt, findet Homophobie statt. Außerdem basieren homophobe Handlungen und Äußerungen auf heteronormativem Denken.[89] Auch Walther-Ahrens verdeutlicht, dass bei Menschen grundsätzlich von Heterosexualität ausgegangen wird und damit andere Menschen automatisch diskriminiert werden.

> „Homophobie, die Angst vor und die Ablehnung von Homosexualität, deren Lebensweise und deren veränderte Rollenbilder, schützt und stabilisiert das System der Heterosexualität. Dabei spielt die Ausdrucksform von Homophobie keine Rolle, egal ob in Form von offener

86 Vgl. Hertling, Thomas (2011): S. 10.

87 Vgl. Hertling, Thomas (2011): S. 22.

88 Hertling, Thomas (2011): S. 22.

89 Vgl. Hertling, Thomas (2011): S. 22-23.

> und physischer Gewalt oder alltäglicher Schmähbegriffe auf dem Schulhof."[90]

Homophobie ist nicht nur ein Bestandteil heterosexuell-männlicher Identitätskonstruktion, sondern ist bis heute auch einer der am häufigsten akzeptierten Ausgrenzungsmechanismen in Deutschland. Ein Beleg für die Homophobie in Deutschland ist die erhöhte Suizidrate Homosexueller. Vor allem homosexuelle Jungen gehören überdurchschnittlich häufig zu denen, die sowohl einen Suizidversuch unternommen als auch Suizide begangen haben. Der Vergleich mit der durchschnittlichen Suizidrate innerhalb der Gesamtbevölkerung verdeutlicht, dass die Selbstmordrate unter homosexuellen Männern etwa viermal höher ist. Die überdurchschnittlich hohe Selbstmordrate und die häufigen Selbstmordversuche deuten auf eine heterosexistische und gleichzeitig homophobe Lebensumwelt hin. Diese Lebensumwelt verhindert, dass homosexuelle Männer sich frei entfalten können. Sie werden daran gehindert, ihre Sexualität anzunehmen, diese zu entdecken und in ihren Alltag zu integrieren. Hertling kommt zu der Schlussfolgerung, dass nicht die Homosexualität, sondern die von außen initiierte und getragene Abwertung von Homosexualität das Lebensglück Homosexueller stark einschränkt und dies in vielerlei Hinsicht und in den unterschiedlichsten Lebensbereichen.[91]

Durch das Nicht-Akzeptieren von Homosexualität als eine der Heterosexualität gleichwertige sexuelle Variante werden homosexuelle Menschen auf gravierende Art und Weise in ihrer Lebensqualität beeinträchtigt und geschädigt. Die überdurchschnittliche Selbstmordgefahr bei jungen homosexuellen Männern zeigt deutlich, dass die Ausgrenzung von Homosexualität besonders ein männliches Problem ist und sich schon in Schulen die Frage gestellt werden muss, wie man ein solches Thema im Unterricht behandeln kann. Dass das Thema Homosexualität Bestandteil des Unterrichts in der Schule sein muss, steht außer Frage.

---

[90] Walther-Ahrens, Tanja (2011): S. 28.

[91] Vgl. Hertling, Thomas (2011): S. 23-24.

Weiterführend macht Littmann darauf aufmerksam, dass erst im Jahr 1969 der § 175 des Strafgesetzbuches (StGB) reformiert, aber nicht abgeschafft wurde und homosexuelle Handlungen bis zu diesem Zeitpunkt in der Bundesrepublik Deutschland strafbar waren.[92] Blickt man in das 19. Jahrhundert zurück, lässt sich festhalten, dass am 15. Mai 1871 das Strafgesetzbuch für das Deutsche Reich verkündet wurde und § 175 wie folgt lautete:

> „Die widernatürliche Unzucht, welche zwischen Personen männlichen Geschlechts oder von Menschen mit Thieren begangen wird, ist mit Gefängnis zu bestrafen; auch kann Verlust der bürgerlichen Ehrenrechte erkannt werden." [93]

In der Zeit des Nationalsozialismus wurde am 28. Juni 1935 der § 175 verschärft und der § 175a eingeführt. Dieser bestrafte die Ausnutzung eines Abhängigkeitsverhältnisses, homosexuelle Handlungen mit Männern unter 21 Jahren und männliche Prostitution. Nach dem Ende des Zweiten Weltkrieges und dem Fall des Hitler-Regimes wurden im Jahr 1949 §§ 175 und 175a ohne Änderungen übernommen. Erst im Jahr 1969 fiel der § 175a, und der § 175 wurde in der Bundesrepublik Deutschland dadurch entschärft, dass Homosexualität unter Erwachsenen straffrei wurde. Im Jahr 1994, 123 Jahre nach Verkündung des Strafgesetzbuches und des § 175, steht Homosexualität in Deutschland nicht mehr unter Strafverfolgung.[94] Homophobie war in Deutschland seit der Reichsgründung 1871 mehr als ein Jahrhundert fester Bestandteil der Justiz und verdeutlicht die Diskriminierung gegenüber Homosexuellen in der Gesellschaft. Die in der Justiz verankerten homophoben Gesetze sind ein weiterer Grund dafür, dass die Nicht-Akzeptanz Homosexueller zum Bestandteil der deutschen Gesellschaft geworden ist. Erst mit der Entschärfung des Paragrafen beginnt eine allmähliche Sensibilisierung des Themas der Homosexualität. Diese Sensibilisierung scheint zwar aufgrund der Gesetzeslage in Deutschland abgeschlossen zu sein,

---

92 Vgl. Interview mit Corny Littmann.

93 Vgl. Bleibtreu-Ehrenberg, Gisela (1978): S. 340.

94 Vgl. Schäfer, William (2010)

allerdings ist Homophobie in vielen Teilen der Gesellschaft, wie schon gezeigt wurde, immer noch ein fester Bestandteil.

5 ZWISCHENFAZIT

Im Sinne von Connell hat sich gezeigt, dass der Begriff Männlichkeit ein sehr umfassender und keineswegs kohärenter Gegenstand ist. Männlichkeit darf nicht als isoliertes Phänomen verstanden werden, sondern als ein Aspekt einer umfassenden Struktur. Allerdings ist es möglich, zu einem zusammenhängenden Wissen zu gelangen[95], wie ich es im folgenden Abschnitt noch einmal kurz zusammenfassend verdeutlichen werde.

Wie gezeigt werden konnte, ist Männlichkeit nicht nur biologisch bedingt, sondern wird auf besondere Art und Weise vor allem sozial konstruiert. Diese Konstruktion ergibt sich zum einen aus der Unterscheidung von Mann und Frau und zum anderen aus den Beziehungen der Männer untereinander. Diese doppelte Beziehung, die Connell als hegemoniale Männlichkeit beschreibt, ist ein zentraler Aspekt bei der Konstruktion von Männlichkeit. Ein weiterer wichtiger Punkt sind die ernsten Spiele des Wettbewerbs. Diese Spiele finden das erste Mal in den Peergroups statt. Im Gegensatz zu den weiblichen Heranwachsenden sind die Spiele bei den männlichen Jugendlichen durch ein besonderes Maß an Risikohandeln gekennzeichnet, um innerhalb der Gruppe ihre Männlichkeit unter Beweis zu stellen. Der Wettbewerb ist im Sinne von Bourdieu als Strukturübung zu verstehen und ist nicht nur bei männlichen Jugendlichen zu beobachten, sondern findet auch bei erwachsenen Männern weiterhin statt. Kleine Kinder bekommen schon in frühester Kindheit

95 Vgl. Connell, Robert W. (1999): S. 87.

durch den Vater ein bestimmtes Bild von Männlichkeit. Der Vater hat nicht nur eine Vorbildfunktion, sondern spiegelt ebenfalls den Prototyp des Mannes für seine Kinder wieder. Des Weiteren spielt die Erwerbsarbeit für die soziale Identität als Ernährer der Familie eine zentrale Rolle. In diesem Zusammenhang wird das Mannsein über die eigene Arbeit definiert. An dieser Stelle möchte ich anmerken, dass ein weiteres wichtiges Kriterium bei der Konstruktion von Männlichkeit die Rolle der Medien ist, insbesondere das Fernsehen und das Internet. Die Beantwortung der Fragen, welchen Einfluss die Medien schon bei Kindern ausüben und welches Bild von Männlichkeit ihnen vermittelt wird, würden den Rahmen dieser Arbeit jedoch überschreiten.

Wie sehen jetzt die Folgen für den Profifußball bezüglich des Begriffs Männlichkeit aus? Es konnte aufgezeigt werden, dass viele unterschiedliche Kriterien diesen Begriff konstruieren und beeinflussen. Allerdings wird Männlichkeit in den einzelnen Milieus unterschiedlich interpretiert und wahrgenommen. Wenn Fußballprofis dann ihr soziales Milieu verlassen, um zum Beispiel in einem anderen Land zu spielen, treffen sie wiederum auf Spieler, die aus einem anderen Milieu kommen. Diese vielen unterschiedlichen Milieus bringen unterschiedliche Vorstellungen von Männlichkeit mit sich und treffen auf dem sozialen Feld des Profifußballs aufeinander. Allerdings scheint es doch gewisse Übereinstimmungen und Gemeinsamkeiten bei der Vorstellung eines Männlichkeitsbegriffs zu geben. Littmann macht darauf aufmerksam, dass die ausländischen Spieler eine sehr festgefahrene Rollenvorstellung und damit verbundene antischwule Haltung mitbringen, bei denen der Mann der Dominante und die Frau das Anhängsel für die Kinder und die Küche ist. Diese fest gefügten Rollenvorstellungen üben seiner Meinung nach großen Einfluss auf den deutschen und internationalen Fußball aus.[96] Dadurch scheint sich im Profifußball ein spezifisch entworfenes Ideal von Männlichkeit entwickelt und verfestigt zu haben, das eine homophobe Haltung und die Klischees aus den 50er Jahren, wie Littmann es nennt, verfestigt hat. In Anlehnung an Meuser

96 Vgl. Interview mit Corny Littmann.

und Scholz scheinen sich die Profispieler an diesem regulatorischen Ideal zu orientieren. Aus diesem Grund wird ein bestimmtes Bild von Männlichkeit hergestellt und aufrechterhalten, und für die Akteure ist dieses Männlichkeitsideal nicht bewusst wahrnehmbar, weil es sich aus der Sicht der Spieler um ein allgemeines Ideal handelt.

Homosexuelle Männer sind immer wieder Vorurteilen ausgesetzt. Das allgegenwärtigste Vorurteil ist dabei, dass schwule Männer nicht männlich, sondern eher verweiblicht seien. Der Begriff Heteronormativität verdeutlicht, welchem Druck homosexuelle Männer ausgesetzt sind. Die Heterosexualität wird als Norm betrachtet, und es kommt gleichzeitig zur Abwertung sowie Ausgrenzung von Homosexualität. Dadurch, dass die Heteronormativität in der Gesellschaft verankert ist, wird ein Coming-out häufig außerordentlich schwierig. Durch ein äußeres Coming-out müssen die Männer eine mögliche Beschädigung ihrer männlichen Identität in Kauf nehmen. Um diesem Prozess entgegenzutreten, kommt es zu Gegenmaßnahmen. So wird zum Beispiel ein hoher beruflicher Erfolg angestrebt, um weiterhin als besonders männlich zu wirken.

Bei der Konstruktion von homosexueller Männlichkeit kommt es zu Ambivalenzen. Einerseits kommt es zur Abgrenzung von hegemonialer Männlichkeit, andererseits ist auch der Wunsch vorhanden, in der traditionellen Männerwelt akzeptiert zu werden. Diesen Vorgang beschreibt Bourdieu aus der Perspektive symbolischer Herrschaftsbeziehungen. Dabei weisen homosexuelle Männer die Tendenz auf, die die Rolle der Beherrschten einnehmen, die Sichtweise der heterosexuellen Männer, zu vertreten. Insgesamt lässt sich dennoch festhalten, dass es nicht nur eine heterosexuelle Männlichkeit gibt, sondern auch eine schwule Männlichkeit. Insgesamt beschreibt Krell, dass ein Großteil homosexueller Männer eine Mischform aus traditioneller instrumenteller und mehr emotionaler Männlichkeit lebt. Männlichkeit nur aus dem Blickwinkel der Heterosexualität zu beobachten, ist eine sehr eingeschränkte, aber in der Gesellschaft immer noch vorhandene Sichtweise, wie es auch der Begriff Homophobie verdeutlicht.

Nach Hertling basieren homophobe Denkmuster und Handlungen auf heteronormativem Denken. Deshalb wird Homosexualität als Störung von heterosexuellen Normen betrachtet. Wie zum Beispiel die erhöhte Suizidrate von homosexuellen Männern zeigt, ist Homophobie ein Bestandteil in der deutschen Gesellschaft. Hertling geht dabei soweit zu behaupten, dass Homophobie eine der am häufigsten akzeptierten Ausgrenzungsmechanismen in Deutschland sei.

Es stellt sich für mich die grundsätzliche Frage, warum ein Mensch seine eigene Sexualität nicht privat halten kann oder darf. Sexualität, unbenommen ob homosexuelle, bisexuelle oder heterosexuelle Vorlieben, ist etwas sehr Intimes und daher doch eigentlich eine Angelegenheit privater Natur. Möglicherweise wird von der Gesellschaft erwartet, dass eine Person sich outen sollte, wenn sie nicht den Normen entspricht. Der von der Gesellschaft ausgeübte Druck führt dann entweder zu einem Outing oder zu einem Doppelleben, um die wahre sexuelle Identität zu verstecken. Das eigene Leben privat zu halten, ist vor allem für Menschen des öffentlichen Lebens eine besondere Herausforderung, und dies gilt auch für Profifußballer in Deutschland. Littmann macht darauf aufmerksam, dass das Privatleben eines Profifußballers gar nicht geheim gehalten werden kann, wobei das Privatleben etwa eines Spielers der Nationalmannschaft sicherlich für die Öffentlichkeit interessanter ist als das eines Spielers aus der Zweiten Bundesliga.[97] Die Kombination von Profifußballern und Homosexualität scheint eine Gefahr in doppelter Hinsicht darzustellen. Ein Profifußballer steht in der Öffentlichkeit und ist in den Medien vertreten. Aufgrund der medialen Präsenz ist es für die Spieler schwer, ihr Privatleben als Personen des öffentlichen Lebens geheim zu halten. Wenn ein Spieler dann auch noch schwul ist, muss das Führen eines Doppellebens, so scheint es, in Kauf genommen werden. Schließlich ist Homosexualität in einer heteronormativen Gesellschaft eine abweichende Norm, und genau diesen Anschein erweckt der Profifußball in Deutschland. Um diesem Anschein näher auf den Grund zu gehen und

---

97 Vgl. Interview mit Corny Littmann.

die aufgestellte These[98] zu belegen, soll im Folgenden nach einer kurzen Erläuterung zur Methode des Interviews das Thema der Homosexualität im deutschen Profifußball untersucht werden.

---

98 Vgl. Einleitung.

6 DAS INTERVIEW ALS METHODE

Littmann war zwar selbst nie aktiver Fußballprofi, ist aufgrund seiner Tätigkeit als Präsident eines Profiklubs bei einer Dauer seiner Amtszeit von siebeneinhalb Jahren dennoch ein Experte, der den professionellen Fußballsport und sein Umfeld genauestens kennt. Aufgrund der Beschreibung von Bogner und Menz, die eine Definition von Experten wiedergeben, ist es zu rechtfertigen, Littmann als Experten einzustufen.

> „Der Experte verfügt über technisches, Prozess- und Deutungswissen, das sich auf sein spezifisches, professionelles oder berufliches Handlungsfeld bezieht. Insofern besteht das Expertenwissen nicht allein aus systematisiertem, reflexiv zugänglichem Fach- oder Sonderwissen, sondern es weist zu großen Teilen den Charakter von Praxis- oder Handlungswissen auf, in das verschiedene und durchaus disparate Handlungsmaximen und individuelle Entscheidungsregeln, kollektive Orientierungen und soziale Deutungsmuster einfließen."[99]

Das Interview mit Littmann ist ein Einzelinterview und ein persönliches oder auch „Face to Face"-Interview.[100] Beim Erstellen der Fragen war es für mich von großer Wichtigkeit, diese möglichst offen zu gestalten, damit nicht mögliche Antworten schon vorgegeben werden bzw. ein Ja-Nein-Schema entsteht. Offene Fragen sind vor allem die sogenannten „W-Fragen" (Wie?, Warum?, Was?, Weshalb?, Wozu?), sie sollen den Interviewten zum Reden motivieren. Allerdings ist beim Formulieren offener Fra-

99 Bonger/ Menz zit. nach Flick (2011): S. 215.

100 Vgl. Konrad, Klaus (2011): S. 28f.

gen darauf zu achten, dass diese nicht zu weit vom Kern des Themas abschweifen und der rote Faden nicht verloren geht. Außerdem besteht die Gefahr, dass es den Befragten irritiert, wenn sowohl die Bandbreite der Fragen, als auch die der Antwortmöglichkeiten zu groß ist.[101]

Außerdem sollte im Laufe des Interviews nicht nur das Wissen des Experten zum Tragen kommen, sondern insbesondere seine Meinung und seine Einstellung als Interviewter deutlich erkennbar werden, so wie es Konrad in seiner Darstellung fordert.

> „Qualitative Interviews eignen sich in besonderem Maße, Meinungen, Werte, Einstellungen, Erlebnisse, subjektive Bedeutungszuschreibungen und Wissen zu erfragen. Wie mit kaum einer anderen Methode kann es mit Interviews gelingen, eine Sachlage genau und evtl. auch unmittelbar zu klären. Zudem entsprechen qualitative Interviews in besonderer Weise den Kriterien qualitativer Forschung: Offenheit, Kommunikation und Prozesshaftigkeit."[102]

Zu Beginn des Interviews habe ich mich vorgestellt und meine Erwartungen an das Interview beschrieben, um dann zum zweiten Punkt überzugehen, die Person Cornelius Littmann näher zu erfassen.

1. Bitte berichte mir von Deinem Werdegang.
2. Wie bist Du zum Fußball gekommen?
3. Wann hast Du Dich zu Deiner Homosexualität bekannt, und wie waren die Reaktionen Deines Umfeldes?

Der dritte Aspekt des Interviews ist zugleich der Hauptteil und befasst sich mit dem Thema Homosexualität und Fußball. In diesem Abschnitt wird der Frage nachgegangen, warum sich bis heute kein aktiver homosexueller Profifußballer zu seiner Homosexualität bekannt hat.[103]

---

[101] Vgl. Konrad, Klaus (2011): S. 27.

[102] Konrad, Klaus (2011): S. 22.

[103] Hitzlsperger hat sich erst nach seiner aktiven Karriere als Fußballprofi geoutet.

4. Was zeichnet Deiner Meinung nach den Profifußball als „Männersport“ aus?
5. Warum hat sich bis heute kein aktiver Profifußballer in Deutschland geoutet?
6. Glaubst Du, dass es einen Unterschied machen würde, wenn sich ein Spieler aus der Dritten oder Ersten Bundesliga outen würde?
7. Warum wird immer wieder von Schimpfwörtern wie Schwuchtel, schwule Sau etc. auf dem Spielfeld Gebrauch gemacht?
8. Besteht die Gefahr, dass Parallelen auftreten könnten bzgl. des Falles Robert Enke?
9. Warum wird die Homosexualität beim Frauenfußball anders bewertet als bei Männern?
10. Warum können Fußballprofis ihre Privatleben einschließlich ihrer Sexualität nicht einfach privat halten?
11. Glaubst Du, dass sich in Deutschland in absehbarer Zeit homosexuelle Spieler outen werden?

    Im vorletzten Abschnitt gehe ich den Fragen „Wie verstecken sich die Spieler und wie sollten sie sich outen?“ nach.

12. Du hattest in einem Interview mit der „Die Welt“ im Jahre 2006 einmal gesagt, dass es so etwas wie ein Netzwerk gibt. Könntest Du das näher erläutern?
13. Angenommen, ein Spieler würde sich outen wollen und käme zu Dir. Was würdest Du ihm raten?

    Der letzte Punkt wird das Thema der möglichen Maßnahmen gegen Homophobie näher beleuchten. Wie gehen Profivereine und der Deutsche Fußball-Bund (DFB) mit dem Thema um und welche Maßnahmen werden dagegen ergriffen?

14. Wie geht Deiner Meinung nach der DFB mit dem Thema Homosexualität um?
15. Wie sollten Deiner Meinung nach Vereine gegen Homophobie vorgehen, und wie geht der Verein FC St. Pauli damit um?

7 HOMOSEXUALITÄT IM DEUTSCHEN PROFIFUßBALL

Littmann macht im Interview deutlich, dass es heute kaum eine Mannschaft in der Ersten und Zweiten Bundesliga gibt, die noch mehrheitlich deutsche Spieler hat. „Also, ich sage immer, die Europäische Union ist nirgends so verwirklicht wie im Fußball, weil heute alle möglichen europäischen Nationalitäten, manchmal ja auch Brasilianer, in den ersten beiden Ligen spielen." Diese ausländischen Spieler bringen seiner Meinung nach ein sehr festgefahrenes Rollenbild mit. Der Mann spiele dabei den dominanten Part und die Frau sei das Anhängsel, zuständig für Küche und Kinder. Klar erkennbar impliziere diese festgefahrene Rollenvorstellung häufig auch eine antischwule Haltung.[104] Daran ansetzend untersucht Müller moralische Erwartungen und Ehrvorstellungen im Fußball. Dabei stellt sie fest, dass diese beiden Punkte ein normatives Hintergrundkonzept bilden, zum einen bei den Fußballern selbst und zum anderen als fester Bestandteil sozialer Interaktion. In diesem Zusammenhang wird vor allem ausländischen Spielern, die südländischer Herkunft sind, ein besonders empfindlicher und reizbarer Ehrbegriff unterstellt.[105]

Darüber hinaus untersucht Müller die Bedeutung des Körpers im Fußball. Hierbei spielt der Körper aus zwei unterschiedlichen Perspektiven betrachtet eine wichtige Rolle. Einerseits ist der Körper das Kapital des Spielers, das gepflegt werden muss (z. B. durch Massagen, Arztbesuche, Physiotherapie, Ernährungs-

---

104 Vgl. Interview mit Corny Littmann.

105 Vgl. Müller, Marion (2009): S. 194.

verhalten). Andererseits wird den Männern nur im Fußball ein derart berührungsintensiver Umgang untereinander bzw. miteinander erlaubt, ohne den Verdacht von Homosexualität zu wecken. Es gibt Umarmungen, Berührungen, sogar der Austausch von Küssen ist erlaubt. Dennoch bleibt Homosexualität im deutschen Profifußball ein Tabuthema.[106] „Zwischen den Spielern existiert ein regelrechtes „Berührungssystem", d. h. Mitglieder der Mannschaft haben das Privileg, ihre Vertrautheit mittels körperlicher Kontaktrituale auszudrücken."[107] Dieser nahe Körperkontakt lässt sich an den unterschiedlichsten Beispielen zeigen. Dazu gehören unter anderem das Grüßen der Mitspieler, das wechselseitige Sich-Glückwünschen vor dem Spiel, die Einwechslung, der Torjubel oder die Freude über das gewonnene Spiel. Der Körperkontakt ist dabei deutlich erkennbar nicht nur auf die Hände begrenzt. Der Kopf wird gestreichelt, Schultern und Gesäß werden berührt und es kann auch der ganze Körper umarmt werden.[108]

Es stellt sich nun die Frage, warum ein enger Körperkontakt unter den Fußballern „erlaubt" ist und nicht gleich als schwules Verhalten von außen betrachtet wird. Müller begründet das Tolerieren des engen Körperkontakts bei Profifußballern damit, dass die Spieler einer normativen Matrix männlicher Zwangsheterosexualität unterworfen seien. Ein Ausdruck der Matrix männlicher Zwangsheterosexualität sei die Homophobie. Hierzu zählt z. B. das Erzählen von Witzen über Homosexuelle.[109] Dieser Matrix sind besonders die homosexuellen Profifußballer unterworfen. Littmann merkt dabei an, dass die schwulen Fußballer diejenigen sind, die die schmutzigsten Frauenwitze erzählen. Dieses Verhalten dient der Prävention, um nicht von den anderen Mitspielern als schwul identifiziert zu werden. Littmann beschreibt dieses Verhalten als eine Art Reflex, um den Anschein zu vermeiden, man könne schwul sein, und deshalb schlägt das eigene Verhal-

---

106 Vgl. Müller, Marion (2009): S. 151.

107 Goffmann zit. nach Müller (2009): S. 154.

108 Vgl. Müller, Marion (2009): S. 154-155.

109 Vgl. Müller, Marion (2009): S. 160.

ten in das Gegenteil um. Dieses Verhalten homosexueller Spieler kann dann unter anderem durch besonders homophobe Äußerungen gekennzeichnet sein, um den Schein zu wahren.[110]

Leibfried und Erb stellen die Annahme auf, dass schwule Fußballer aufgrund der Struktur des Fußballgeschäfts schon vorher aussortiert werden könnten und deshalb sehr seltene Exemplare seien. Viele homosexuelle Spieler hielten dem Druck und den möglichen Anfeindungen nicht stand, und die Profikarriere sei beendet, bevor sie überhaupt richtig begonnen habe. Schwule Spieler würden also durch das System des Fußballs ausgesiebt. Die Doppelbelastung, nämlich einerseits die eigene Homosexualität zu verheimlichen und andererseits auf dem Fußballplatz Höchstleistungen zu erzielen, könne zu einem frühen Ende der Karriere führen.[111] Auch Littmann geht auf diesen Prozess der Selektion ein. Ein Profifußballer beginne seine Karriere nicht erst mit der Unterzeichnung seines ersten Profivertrags, sondern schon in den Jugend- und Auswahlmannschaften. In diesen Jugendmannschaften seien alle nur auf Fußball fixiert und würden nichts anderes kennen. Dabei seien die Spieler kontinuierlich nur mit Jungen zusammen, zum Teil gezwungenermaßen, wie z. B. im gemeinsamen Trainingslager.

> „... schon in dem sozialen Umfeld zu sagen, ich bin anders als die Kollegen, die ja beständig über Frauen reden, ein ständiges Thema unter Fußballern, schon in dem sozialen Umfeld bedarf es einer Stärke einer Person, sich zu ihrem Anderssein zu bekennen, was die meisten Personen schlichtweg überfordert. Also, da sind sie schon in eine soziale Gruppe eingebunden, die eigentlich Schwulsein gar nicht kennt und wahrhaben will."[112]

Die Spieler, die der Doppelbelastung standhalten und ihre Profikarriere fortsetzen, verstecken sich. „Ein Profifußballer wird immer versuchen, den Schein aufrecht zu halten."[113] Littmann fügt in diesem Zusammenhang hinzu, dass manche Spieler seitens des

---

110 Vgl. Interview mit Corny Littmann.

111 Vgl. Erb, Andreas/ Leibfried, Dirk (2011): S. 11-12.

112 Interview mit Corny Littmann.

113 Interview mit Corny Littmann.

Vereins eine Freundin zur Seite gestellt bekommen, um den Anschein zu wahren. Außerdem werden Scheinehen eingegangen, um nicht aufzufallen.[114] Walther-Ahrens spricht von sogenannten Doppelidentitäten, die sich die schwulen Spieler mithilfe von Frauen und Kindern verschafften, um in besonderem Maße dem Bild eines heterosexuellen Sportlers zu entsprechen. Es soll auch einen Escort-Service nur für homosexuelle Spieler geben, der den Spielern bei öffentlichen Auftritten eine Frau zur Seite stellt.[115]

Dass es für einen Fußballprofi immer schwieriger wird, das eigene Privatleben geheim zu halten, begründet Littmann damit, dass die mediale Berichterstattung innerhalb der letzten zehn bis 15 Jahre viel boulevardesker geworden sei. Die Privatsphäre der Spieler rücke immer mehr in den Vordergrund, und die Macht der Medien sei dabei unvorstellbar groß.

> „… ich habe ja mit Redakteuren der Bild-Zeitung geredet über das Thema schwule Fußballer. Dann sind die Mikrofone aus und dann erzählen die dir, wer alles schwul ist im deutschen Fußball. Nicht nur, dass sie es wissen, sondern sie haben auch die Fotodokumente dazu, die haben das alles. Dann kann man sich ja vorstellen, dass sie im Zweifel mit einem Trainer, mit einem Spieler so umgehen, dass sie sagen, pass mal auf, mein lieber Freund, ich habe alles Mögliche von dir, reden wir doch mal so vernünftig miteinander, ich erzähle auch nichts davon, dann kommt eine Homestory, die den Spieler in einem völlig anderen Licht erscheinen lässt. Es ist auch ein Druckmittel, das von der Medienseite mit Sicherheit auch genutzt wird. Das ist ein Geschäft auf Gegenseitigkeit, was die da betreiben.[116]

Das Bild von den „Elf Freunden" entspricht offenbar nicht der Realität. Zwar sei der Fußball ein Mannschaftssport, aber die Spieler seien dennoch auch Einzelkämpfer, und zwar wegen der Wettbewerbssituation innerhalb der eigenen Mannschaft und des Kampfes um die Plätze in der Startelf. Jeder Spieler benötigt besondere Persönlichkeitsmerkmale wie Disziplin, Stabilität, Selbstbeherrschung, Selbstsicherheit, Egozentrik, also fast schon narzisstische und selbstsüchtige Charaktermerkmale. Die Team-

---

114 Vgl. Erb, Andreas/ Leibfried, Dirk (2011): S. 19.

115 Vgl. Walther-Ahrens, Tanja (2011): S. 94-95.

116 Interview mit Corny Littmann.

fähigkeit wird erst dann von Bedeutung, wenn Erfolge gegen andere Mannschaften erzielt werden sollen. In diesem Zusammenhang ist das Zeigen von Schwächen nicht erlaubt, weder auf dem Platz noch außerhalb des Platzes.[117] Auch Littmann befasst sich mit diesem Aspekt. Ein Spieler dürfe keine Schwächen zeigen. Dabei zählen im Profifußball neben Homosexualität auch Depressionen und psychische Erkrankungen als Ausdruck von Schwäche.[118] Ein Beispiel ist der Freitod des Nationaltorhüters Robert Enke am 10. November 2009. Weder das nähere Umfeld von Enke noch die eigene Mannschaft, der Verein oder die Öffentlichkeit wussten von seinen Depressionen. Vor diesem Hintergrund gelte heutzutage der Leistungssport als modernes Heldentum, und Helden mit Schwächen passten einfach nicht in dieses Bild.[119]

Wie gehen die Profivereine und der DFB mit dem Thema Homosexualität bzw. Homophobie im Profifußball um? Leibfried und Erb haben dafür einen Fragenkatalog erstellt, der sich an die Vereinsführung und die Mannschaftskapitäne der 36 Profivereine aus der Ersten und Zweiten Bundesliga richtet. Die Resonanz darauf war erschreckend, denn lediglich vier Vereine (Borussia Mönchengladbach, Hamburger SV, 1 FC Kaiserslautern und FSV Frankfurt) haben den Fragenkatalog beantwortet. Die restlichen Vereine haben entweder gar nicht reagiert oder in einer kurzen Stellungnahme mitgeteilt, den Fragenkatalog nicht beantworten zu wollen. Dieses Verhalten seitens der Profiklubs bietet einen großen Spielraum für unterschiedlichste Interpretationen. Haben die Vereine einfach nicht die Zeit, alle Presseanfragen zu beantworten, oder wird dieses Thema totgeschwiegen? Wird es totgeschwiegen, um die eigenen homosexuellen Spieler vor der Öffentlichkeit geheim zu halten, oder sehen die Vereine keinen Bedarf, sich mit diesem Thema auseinanderzusetzen, weil es in ihren Augen keine homosexuellen Spieler gibt?[120] „Natürlich

117 Vgl. Erb, Andreas/ Leibfried, Dirk (2011): S. 32-33.

118 Vgl. Interview mit Corny Littmann.

119 Vgl. Erb, Andreas/ Leibfried, Dirk (2011): S. 33-34.

120 Vgl. Erb, Andreas/ Leibfried, Dirk (2011): S. 56-59.

auch, was sagen einzelne Vereine dazu, auch bei den Vereinen ist es ja in der Regel ähnlich, dass die nichts damit zu tun haben oder zu tun haben wollen", so Littmann.[121] Dieses Thema scheint, wenn man es von außen betrachtet, bei vielen Profivereinen immer noch ein Tabu zu sein, über das man in der Öffentlichkeit nicht spricht.

Im Gegensatz dazu findet beim Deutschen Fußball-Bund (DFB) eine allmähliche Sensibilisierung statt. Im Jahr 2007 setzte sich der damalige DFB-Präsident Zwanziger bei einem bundesweiten Fankongress in Leipzig zum ersten Mal mit dem Thema Homophobie im Fußball auseinander. Gegenüber dem DFB-Journal äußert er sich selbstkritisch, wenn er sagt: „Ich habe gemerkt, dass wir hier Nachholbedarf haben und uns intensiver aufstellen müssen."[122] Wie viel Nachholbedarf der DFB beim Engagement gegen Homophobie hat, zeigt, dass der DFB zwar seit den 1990er Jahren kontinuierlich Projekten gegen Ausländerfeindlichkeit nachgeht, aber Homosexualität im Fußball lange kein Thema gewesen ist.[123] Dabei macht Littmann darauf aufmerksam, dass rechtsradikales Denken und antischwules Verhalten oft einhergehen. Allerdings merkt Littmann lobend an, dass sich Zwanziger intensiv und häufig mit dem Thema auseinandersetze, dass er aber gleichzeitig in einem Einzelgespräch mit Zwanziger habe feststellen müssen, dass dieser sehr naiv mit dem Thema umgehe. Naiv, weil sich Zwanziger nicht bewusst sei, welche Konsequenzen ein Outing für das Leben und den Beruf des Profifußballers habe.[124] Seine Antwort in einem Interview auf die Frage, welche Auswirkungen ein öffentliches Outing für den betroffenen Profifußballer habe, lautete nämlich: „Ehrlich gesagt, kann ich mir nicht vorstellen, dass die Karriere eines Profispielers einen Knick bekommen würde, nur weil er sich zu seiner Homosexualität bekennt."[125] Auf die möglichen Konsequenzen eines Outings für

---

121 Interview mit Corny Littmann.

122 Vgl. Erb, Andreas/ Leibfried, Dirk (2011): S. 124.

123 Vgl. Erb, Andreas/ Leibfried, Dirk (2011): S. 137.

124 Vgl. Interview mit Corny Littmann.

125 Erb, Andreas/ Leibfried, Dirk (2011): S. 146-147.

einen Profifußballer soll nun im folgenden Abschnitt eingegangen werden.

Wie schwer ein mögliches Coming-out für einen Profifußballer innerhalb der eigenen Mannschaft sein kann, auch wenn er nicht gleich an die Öffentlichkeit geht, verdeutlichen einige beispielhafte Aussagen von Fußballprofis. Rost (aus dem Jahr 2002, damaliger Torwart von Schalke 04) antwortet auf die Frage, ob es homosexuelle Bundesligaspieler gebe, mit: „Nein – außerdem dusche ich immer mit dem Arsch zur Wand."[126] Im Jahr 2009 antworteten die Spieler Jansen (Hamburger SV) und Skela (Energie Cottbus) auf die Frage, was sie von homosexuellen Spielern in einem Fußballteam halten, Folgendes. Jansen: „Ich hätte damit kein Problem, solange ich nicht belästigt werde, weil das werde ich lieber von Frauen" und Skela: „Das ist jedem seine eigene Entscheidung. Aber ich weiß nicht, im Fußball mit so jemandem unter der Dusche zu stehen. Ich weiß nicht, das finde ich schon komisch."[127] Es kommen immer wieder die gleichen Vorurteile zum Vorschein. Dabei scheint gerade das gemeinsame Duschen mit besonderen Vorurteilen belastet zu sein. Die Angst, unter der Dusche von einem schwulen Mitspieler belästigt zu werden, ist bei den Spielern fest verankert. Auch Littmann spricht genau diese Problematik an. „Da kommen Spieler an und sagen: ‚Mit dem dusche ich aber nicht.' Oder der eine oder andere guckt dem anderen auf den Schwanz, das mögen die nicht."[128]

Die Kulturwissenschaftlerin Eggeling berät homosexuelle Fußballer und ist der Auffassung, dass ein Outing eines Fußballprofis gut vorbereitet sein müsse. „Die meisten sind der Ansicht, dass sie ohne Fußball nichts mehr wert und auf ein Leben ohne Fußball überhaupt nicht vorbereitet sind. Aus diesem Grund würden diese Spieler alles ihrer Karriere unterordnen."[129] Auf die Frage, warum sich bis heute kein aktiver deutscher Profifußballer geoutet habe, antwortet Littmann: „Weil er dumm wäre, das zu

126 Völker, Markus (2002)

127 Walther-Ahrens, Tanja (2011): S. 97.

128 Interview mit Corny Littmann.

129 Erb, Andreas/ Leibfried, Dirk (2011): S. 76.

tun." Ein Berufsfußballer könne seinen Job im Alter zwischen 19 und maximal 35 Jahren ausüben, also 16 Jahre. Allerdings gebe es auch immer wieder Verletzungsphasen, meistens wird er dann von diesen 16 Jahren zwei bis vier Jahre verletzt sein, aber rein von der Vertragssituation betrachtet, könne ein Fußballprofi 16 Jahre Fußball spielen. Ergänzend verdeutlicht Littmann, dass das Leben eines Fußballers durch häufige Vereinswechsel gekennzeichnet sei. Im Durchschnitt verbleibe ein Spieler zwei, maximal drei Jahre bei einem Verein. In diesem Zusammenhang erläutert Littmann auch, nach welchen Kriterien ein Spieler verpflichtet werde. Dabei stehe zunächst die spielerische Leistung im Vordergrund. Das zweite Kriterium sei das Entwicklungspotenzial eines Spielers. Das dritte Kriterium seien die möglichen Risikofaktoren, die ein Spieler durch einen Vereinswechsel in die Mannschaft bringen könnte.

Den Punkt Risikofaktoren unterteilt Littmann nochmals in zwei Unterkategorien. Das erste Risiko sei die Verletzungsanfälligkeit des Spielers. Der zweite Risikofaktor hingegen beleuchte den Charakter des Spielers, ein laienhaftes Psychogramm werde erstellt. Neige der Spieler eventuell zu Wettspielen, trinke er regelmäßig Alkohol und konsumiere Zigaretten, oder habe der Spieler eine feste Freundin. Das Schwulsein gehöre auch in diese Kategorie. Dabei sei schwul zu sein noch gravierender als wechselnde Frauengeschichten bei Spielern, weil ein schwuler Spieler Unruhe in die Mannschaft bringen könnte. Spieler, die mit einem homosexuellen Spieler nicht klarkommen, würde es immer in einer Mannschaft geben.

> „Ein Russe, der in Deutschland spielt und dann mit einem Schwulen zusammen spielen soll, ist schon gar nicht denkbar. Bei anderen Nationalitäten, also bei den Kroaten, bei den Serben, sieht es nicht unbedingt anders aus. Also, der Schwule bringt Unruhe in die Mannschaft. Der macht Probleme und es wird gar nicht danach geguckt, also macht der jetzt ursächlich Probleme oder haben andere ein Problem mit ihm, was ja in der Regel der Fall ist. Aber es ist etwas, das nachträglich schädlich für das Mannschaftsgefüge ist."[130]

---

130 Interview mit Corny Littmann.

Außerdem macht Littmann darauf aufmerksam, dass in der Regel die meisten Trainer auch nicht die soziale Kompetenz besäßen, um mit dem Thema angemessen umzugehen. Dadurch, dass sich bis heute kein aktiver Fußballprofi in Deutschland zu seiner Homosexualität bekannt hat, würde dem Spieler das Etikett des ersten deutschen schwulen Profifußballers ein Leben lang anhängen.

Die Rolle der Medien und der Fans sieht Littmann eher zweitrangig. Die Medien könnten den ersten schwulen Fußballer in Deutschland im positiven Sinne sogar hypen. Die Beleidigungen seitens der Fans spielen nach Littmann auch eine eher untergeordnete Rolle. Das Wichtigste sei das soziale Umfeld, insbesondere das Berufsfeld des schwulen Profifußballers. Dieses Umfeld könne Littmann zufolge mit einer solchen Situation nicht umgehen, weshalb es nicht möglich für einen aktiven schwulen Profi sei, sich zu outen. Das einzig Denkbare für Littmann ist es, dass sich ein Spieler, der kurz vor seinem Karriereende steht oder seine Karriere schon beendet hat, öffentlich zu seiner Homosexualität bekennt. Außerdem könnte er sich vorstellen, dass eine Gruppe von ehemaligen Spielern den Schritt an die Öffentlichkeit wagt und sich outet. Zusammenfassend lässt sich festhalten, dass Littmann keinem aktiven Spieler zu einem Outing rät. Insgesamt sei es eine Abwägung von Interessen und Befindlichkeiten. Wenn der Spieler weiterhin eine Zukunft haben und den Beruf des Fußballprofis ausüben wolle, sollte er sich nicht outen. Wenn der Spieler dagegen unter der Geheimhaltung der eigenen Homosexualität emotional so sehr leide und lieber offen als Schwuler leben wolle, sollte er sich outen. Aber wie schon angemerkt, definieren sich nach Eggeling die meisten Spieler über den Fußball und seien der Ansicht, ohne ihn nichts mehr wert zu sein. Diese dargestellten Aspekte und Umstände im Profigeschäft Fußball in Deutschland machen zurzeit ein Coming-out für einen Profispieler im Grunde genommen unmöglich, wenn er dabei seine eigene Karriere nicht aufs Spiel setzen will.

8 DER FALL THOMAS HITZLSPERGER

Ulrich verweist darauf, dass es bis heute Zonen gesellschaftlicher Rückständigkeit gebe, in denen das Thema Homosexualität einfach nicht existiere, und eine dieser Zonen sei der Fußballplatz. In 50 Jahren Bundesliga hätten 5566 Männer professionell Fußball gespielt, und von keinem dieser Spieler war bis zum Outing von Hitzlsperger bekannt, dass auch nur irgendeiner dieser Männer homosexuell sei. Im Profifußball komme es auf Talent an, auf die Fitness und auf die Konzentration. Allerdings stelle sich die Frage, wie solle sich ein Spieler noch auf das Spiel konzentrieren, wenn halb Fußball-Deutschland an ihm die eigene Schwulenfeindlichkeit ausübe?[131]

Einerseits habe sich das Bild vom Fußballer in den letzten Jahrzehnten radikal verändert. So gelte nicht mehr der harte, männliche Arbeiter vom Typ Seeler als Rollenmodell, sondern eher der elegante, verspielte Techniker wie Reus. Heutzutage dürften sich Fußballer sogar die Augenbrauen zupfen und ihre Körper mit filigranen Tattoos übersäen, sich minutenlang in den Armen liegen und dabei fast alle Körperteile der Mitspieler berühren. Andererseits dürften sie aber eines genau nicht sein, nämlich schwul.[132] Was es bedeutet, im Profigeschäft des Fußballs nicht schwul sein zu dürfen und seine eigene homosexuelle Ori-

---

131 Ulrich, Bernd (2014)

132 Ulrich, Bernd (2014)

entierung geheim halten zu müssen, soll am Beispiel von Hitzlsperger näher erläutert werden.

8.1 Der Fußballprofi Thomas Hitzlsperger

Hitzlsperger wurde 1982 in der bayerischen Gemeinde Forstinningen geboren. Seine fußballerische Laufbahn begann er beim FfB Forstinning. Aus der Jugend des FC Bayern München kommend, unterschrieb Hitzlsperger im Jahr 2000 seinen ersten Profivertrag bei Aston Villa in England (Premier League). Aus der Zeit bei Aston Villa stammt auch sein bis heute bekannter Spitzname „The Hammer". Zur Saison 2005/2006 wechselte er in die Bundesliga zum VfB Stuttgart. Im Mai 2007 gewann Hitzlsperger mit dem VfB Stuttgart die deutsche Meisterschaft. Dabei hatte Hitzlsperger mit seinen beiden Toren in den zwei letzten, entscheidenden Bundesligaspielen einen enorm wichtigen Beitrag zur Meisterschaft geliefert. 2010 wechselte er zu Lazio Rom, kehrte jedoch schon nach kurzer Zeit nach England zurück und unterschrieb einen Vertrag bei West Ham United. Im Jahr 2011 lotste Magath ihn zurück in die Bundesliga zum VfL Wolfsburg. Nach zahlreichen Verletzungen und einem kurzen Comeback beim FC Everton in der Premier League, beendete Hitzlsperger am 3. September 2013 seine Karriere als Profifußballer.[133]

Darüber hinaus durchlief Hitzlsperger von der U15 bis zur U21 alle Jugendnationalmannschaften und debütierte im Oktober 2004 unter Klinsmann in der deutschen Nationalmannschaft. Außerdem war Hitzlsperger Teil des „Sommermärchens" und gehörte zum WM-Kader 2006. Auch unter der Regie von Löw gehörte Hitzlsperger zum Kader für die Europameisterschaft 2008 in Österreich und in der Schweiz. Obwohl er während der Qualifikation für die WM 2010 in Südafrika in neun von zehn Spielen eingesetzt wurde, wurde er nicht für die Endrunde zur WM in Südafrika nominiert.[134]

---

133 Vgl. Emcke, Carolin/ Müller-Wirth, Moritz (2014)

134 Vgl. Emcke, Carolin/ Müller-Wirth, Moritz (2014)

Insgesamt bestritt Hitzlsperger in Deutschland 131 Bundesliga- und 17 DFB-Pokalspiele. In England kommt er auf 117 Premier League-Einsätze sowie fünf Spiele im FA Cup. Auf internationaler Ebene kann Hitzlsperger 15 Einsätze im UEFA-Cup[135], sieben Einsätze in der Champions League und 53 Spiele für die deutsche Nationalmannschaft vorweisen.[136]

8.2 Thomas Hitzlsperger: Der erste deutsche Fußballprofi bekennt sich zu seiner Homosexualität.

Am 9. Januar 2014 bat Hitzlsperger um ein Interview mit der Wochenzeitung „Die Zeit" und bekannte sich als erster deutscher Profifußballer[137] zu seiner Homosexualität. Nach Hitzlsperger bleibe das Thema Homosexualität unter Profisportlern immer wieder in den Klischees stecken. Profisportler gelten als perfekt „diszipliniert", „hart" und „hypermännlich". Im Gegensatz dazu seien Homosexuelle „zickig", „weich" und „sensibel", und diese Eigenschaften passten natürlich nicht zu einem Profisportler. In diesem Zusammenhang seien immer wieder Widersprüche aufgebaut worden, mit denen Hitzlsperger in seiner Profikarriere konfrontiert wurde.

> „Der Profifußball ist ein absolut harter Leistungssport. Kampf, Leidenschaft und Siegeswille sind untrennbar miteinander verknüpft. Das passt nicht zu dem Bild, das sich viele Leute von einem Homosexuellen machen, nämlich: Schwule sind Weicheier."[138]

Nicht nur im deutschen Profifußball sei Homosexualität ein schwieriges Thema, sondern auch in anderen Ländern wie England oder Italien. Nach der Auffassung von Hitzlsperger sei immer noch so etwas wie eine „Pflichtsexualität" in der Gesellschaft fest verankert. Setze sich jemand dennoch darüber hinweg, werde er einfach nur belächelt.

---

135 Heute wird der UEFA-Cup UEFA Europa League genannt.

136 Seidel, Matthias (2015)

137 Nach seiner aktiven Karriere.

138 Emcke, Carolin/ Müller-Wirth, Moritz (2014)

Dass die Spieler im Sinne von Müller einer normativen Matrix männlicher Zwangsheterosexualität[139] unterworfen sind, beschreibt auch Hitzlsperger. „Wenn abends die Mannschaft ausgeht, wird getrunken, alle haben Spaß. Natürlich sprechen die Spieler dann auch über Frauen. Aber niemand wird in so einer Situation über attraktive Männer schwadronieren."[140] Dementsprechend werde auch das Thema Homosexualität innerhalb einer Fußballmannschaft nicht ernsthaft diskutiert. So rede man in der Kabine in erster Linie über gewonnene Spiele, erzielte Tore und eventuell über Ärger mit Behörden wie Einwanderungs- oder Steuerbehörde. Das Thema Homosexualität komme lediglich dann auf, wenn Spieler darüber spekulierten, wer denn innerhalb der eigenen Mannschaft homosexuell sein könnte.[141]

Des Weiteren scheinen homophobe Äußerungen fester Bestandteil im Fußballjargon zu sein. Daran anknüpfend sei das Wort „schwul" als Schimpfwort im Fußball immer noch verbreitet. Häufig werde ein schwaches Zuspiel mit der Aussage „schwuler Pass" kommentiert. Hitzlsperger hat es selbst miterlebt und weiß, was es bedeutet, aufgrund homosexueller Orientierung abgelehnt zu werden, auch wenn er nicht persönlich angesprochen war. Oft habe er krasse Erfahrungen machen müssen, sowohl im In- und Ausland. Hierbei habe er Erfahrungen mit Menschen gemacht, die völlig naive Vorstellungen von Homosexualität hätten und auch ihre Ablehnung gar nicht erst leugneten. Immer wieder habe es dumme Sprüche oder Witze gegeben.[142]

Hitzlsperger selbst habe lange gebraucht, um für sich festzustellen, dass er homosexuell sei. Das Bedürfnis, mit einem Mann zusammen zu leben, habe sich erst am Ende seiner Karriere eingestellt. Anfangs habe er es nicht wahrhaben wollen, entschloss sich dann aber, es mal auszuprobieren. Schließlich sei ihm ir-

---

[139] Siehe Kapitel 7.

[140] Emcke, Carolin/ Müller-Wirth, Moritz (2014)

[141] Vgl. Emcke, Carolin/ Müller-Wirth, Moritz (2014)

[142] Vgl. Emcke, Carolin/ Müller-Wirth, Moritz (2014)

gendwann bewusst geworden, dass er sich mehr zu Männern als zu Frauen hingezogen fühle.[143]

> „Ich bin aufgewachsen und hatte nur Fußball im Kopf. Das ist dann ein schleichender Prozess. Selbst die Beziehung zu meiner damaligen Freundin, die war zwar gut, aber sie lief eher nebenher. Das Gefühl, dass mir etwas fehlt, dass ich mit einem Mann leben will, das hat sich erst am Ende meiner Karriere eingestellt. Das hatte ich vorher nicht. Bis dahin hat sich alles darum gedreht: Wie werde ich Profi? Wie werde ich besser? Wie komme ich in die Nationalmannschaft? Nur das hat mich beschäftigt."[144]

Die ersten schwulen Erfahrungen habe Hitzlsperger während einer Verletzungspause in San Francisco gemacht. Beim FC Everton habe er einen festen Freund gehabt, den er in den USA kennengelernt habe und der später zu ihm nach Liverpool gezogen sei. Es seien zwar nur ein paar Monate gewesen, aber es sei sehr schön gewesen, mit einem Mann in einer Beziehung zu leben, so Hitzlsperger. Man teilte sein Leben mit jemandem, den man liebt. Lediglich die Familie von Hitzlsperger sei damals über diese Beziehung informiert gewesen. Seiner Meinung nach sei das größte Problem eines Outings während der aktiven Zeit als Profifußballer die Aufmerksamkeit, die das Ganze mit sich bringe. Er habe nach dem Ende seiner Karriere für sein öffentliches Outing Zeit gehabt, alles zu planen. Im Gegensatz dazu habe ein noch aktiver Spieler diese Zeit nicht. Ein solcher müsse schließlich am nächsten Wochenende wieder gewinnen. Diese Aufmerksamkeit schrecke viele Spieler letztlich ab, sich zu outen. Dennoch vertritt Hitzlsperger die Meinung, dass man nicht einfach dem Fußball die Schuld in die Schuhe schieben könne, weil er in seiner Gesamtheit homophob sei. Vielmehr seien für Hitzlsperger die Spieler dafür verantwortlich, die nicht den Mut aufbrächten, sich öffentlich zu outen. Dies solle zwar kein Vorwurf sein, da es immer Zweifel und Ängste geben werde. Allerdings brauche man für ein Coming-out eine starke Persönlichkeit, da der Gang durch die Stadien und Kabinen sicherlich kein Spaziergang werde, aber

---

143 Vgl. Schäfer, Marc (2015)

144 Schäfer, Marc (2015)

einer müsse seiner Meinung nach da jetzt mal durch, so Hitzlsperger.[145]

Zusammenfassend habe Hitzlsperger mit seinem Coming-out Anfang des Jahres 2014 eine öffentliche Diskussion voranbringen wollen, die Diskussion über Homosexualität unter Profisportlern.[146] Was hat sich konkret ein Jahr später, nach dem Coming-out in der Welt der Profisportler, vor allem im Profifußball verändert? Was konnte Hitzlsperger konkret mit seinem Schritt an die Öffentlichkeit bewirken? Dieser Frage soll im folgenden Abschnitt nachgegangen werden.

8.3 Was hat Thomas Hitzlsperger nach über einem Jahr mit seinem öffentlichen Coming-out bewirkt?

Urban ist Mitgründer des Expertennetzwerks „Fußball gegen Homophobie." Er berät Sportler, Verbände sowie Organisationen und ist der Auffassung, dass sich auch ein Jahr nach dem Outing von Hitzlsperger nicht viel getan habe. Es sei auch weiterhin noch viel Aufklärungs- und Bildungsarbeit nötig. Diese Aufklärungsarbeit dürfe dabei nicht auf Sportvereine und -verbände beschränkt bleiben, sondern müsse auch auf Schulen ausgeweitet werden. Besonders enttäuscht jedoch sei Urban vom DFB. Urban fordert nicht nur wohlwollende Worte seitens des DFB, vielmehr müsse der DFB Taten folgen lassen. In diesem Zusammenhang reiche es eben auch nicht aus, dass der Verband zur Bekämpfung von Homophobie lediglich eine Broschüre[147] veröffentliche. Ein weiterer wichtiger Schritt sei etwa, das Thema Homophobie in die Trainerausbildung fest zu integrieren, für die der DFB nämlich verantwortlich ist.[148]

Niersbach, zurzeit der Präsident des DFB, versichert zwar, dass der DFB niemals das Coming-out eines Spielers einfordern werde, sollte ein Spieler jedoch die Entscheidung treffen, sich zu

145 Vgl. Schäfer, Marc (2015)

146 Vgl. Emcke, Carolin/ Müller-Wirth, Moritz (2014)

147 Name der Broschüre: Fußball und Homosexualität.

148 Vgl. Fritz, Thomas (2015)

outen, bekomme er jegliche Unterstützung vom DFB.[149] Wie diese Unterstützung allerdings konkret aussehen soll, verdeutlicht Niersbach leider nicht. Zwar betont er, dass die Verbände, Vereine, Medien und Fanorganisationen weiter gemeinsam daran arbeiten müssten, bestehende Vorurteile abzubauen, allerdings scheint sich Niersbach über die möglichen Folgen eines Comingouts für einen noch aktiven Fußballer, der seine Karriere fortsetzen möchte, nicht im Klaren zu sein. Hier scheint Niersbach, ähnlich wie sein Vorgänger Zwanziger[150], ziemlich naiv mit den möglichen Folgen eines öffentlichen Outings umzugehen und ist sich den Konsequenzen für die Karriere des Fußballers gar nicht bewusst. Insgesamt scheint es, dass der DFB keine weitere Aufklärungsarbeit für erforderlich hält, wie es auch Urban andeutet. Hatte Urban noch an der Broschüre des DFB „Fußball und Homosexualität" mitgearbeitet, sei der Kontakt im Sommer 2013 komplett abgerissen und seitdem nichts mehr passiert. Dabei leistet Marcus Urban nicht nur als Experte in Sachen Homosexualität und Fußball Aufklärungsarbeit, sondern plane mit seinem Verein für Vielfalt in Sport und Gesellschaft[151] ein gemeinsames Comingout aktiver und ehemaliger Bundesligaprofis. Hierbei seien bereits zwei Plätze im Team Vielfalt vergeben[152], und dies sollte eigentlich auch für den DFB von großer Relevanz sein.

Nach Urban existiere immer noch eine Kultur der Angst. So könnten in Teilen Deutschlands bis heute homosexuelle Männer und Frauen nicht offen ihre Liebe zeigen, ohne Beschimpfungen oder noch Schlimmeres befürchten zu müssen. Darüber hinaus kenne Urban aus allen Schichten und Berufsgruppen Menschen, die ihre Sexualität immer noch verbergen.[153]

Der Hamburger Brüllau ist Sprecher von fast dreißig schwullesbischen Fußball-Fanklubs und bezeichnet das Coming-

149 Vgl. Rudolph, Kriss (2015)

150 Vgl. Interview mit Corny Littmann.

151 Vgl. Scher, Benjamin Niklas/ Urban, Marcus/ Karaschewitz, Christian (2015)

152 Vgl. Fritz, Thomas (2015)

153 Vgl. Fritz, Thomas (2015)

out von Hitzlsperger als Etappenziel. Mithilfe der Identifikationsfigur Hitzlsperger könnten die Fanklubs konkreter gegen Widerstände argumentieren. Des Weiteren bräuchten einige Mitglieder nur noch einen Anruf bei ihrem Lieblingsverein zu tätigen, um etwa eine Anzeige im Stadionheft zu platzieren. Allerdings deutet auch Brüllau an, dass es homosexuelle Menschen in Teilen Deutschlands immer noch sehr schwer hätten. Er weist darauf hin, dass es noch immer in Ostdeutschland keinen schwullesbischen Fanklub gebe. In Dresden sei einmal der Versuch unternommen worden, einen Fanklub zu gründen, dieser sei dann aber wegen Beleidigungen nicht zustande gekommen.[154]

Hitzlsperger selbst ist der Auffassung, dass er die Diskussion über Homosexualität im Profisport vorangetrieben habe, da auch ein Jahr nach seinem Coming-out sich die Leute immer noch dafür interessierten. Allerdings hat sich bis heute kein aktiver Profifußballer zu seiner Homosexualität bekannt. Eine aktuelle Umfrage der ARD zeigt, dass Homosexualität im deutschen Profifußball auch nach dem Coming-out von Hitzlsperger weiterhin ein Thema zu sein scheint, über das man nicht spricht. In der Umfrage wurden alle 36 Bundesligaklubs der Ersten und Zweiten Bundesliga befragt, wie man reagieren würde, wenn sich einer der eigenen Spieler als homosexuell outen würde. Des Weiteren wurden die Vereine gefragt, wie man homophobe Fangesänge oder Äußerungen in den Stadien wahrnehme. Auf die Anfrage reagierten vierzehn Vereine überhaupt nicht, und elf Vereine sagten die Teilnahme an der Umfrage ab. Vor diesem Hintergrund scheinen auch nach über einem Jahr des Coming-outs von Hitzlsperger die Fußballvereine, die eigentlich mit gutem Beispiel vorangehen sollten, die Augen zum Thema Homosexualität im deutschen Profifußball zu verschließen.

[154] Vgl. Blaschke, Ronny (2015)

9 FAZIT

Im August 2007 wurde der Dortmunder Torhüter Weidenfeller vom DFB-Sportgericht zu einer Geldstrafe von 10.000 Euro und drei Spielen Sperre verurteilt. Weidenfeller habe im Derby den Schalker Spieler Asamoah als ein „schwules Schwein" bezeichnet. Allerdings wurde Weidenfeller ursprünglich beschuldigt, die Worte „schwarzes Schwein" verwendet zu haben (nach dem Bericht von Asamoah). Wäre es zu einer Verurteilung Weidenfellers wegen rassistischer Äußerungen gekommen, dann hätte es für den Spieler möglicherweise eine Sperre von sechs Spielen gegeben, und dem Verein Borussia Dortmund wären Punkte abgezogen worden. Dieser Fall erweckt den Eindruck, dass homophobe Äußerungen im Profifußball als nicht so gravierend wahrgenommen werden wie rassistische Aussagen.[155] Ein weiterer Beleg dafür, dass Homophobie ein fester Bestandteil im Profifußball ist, zeigt der Sprachgebrauch der Profispieler untereinander. So wird zum Beispiel ein schlechter Pass als ein „schwuler Pass" bezeichnet.[156]

In Deutschland ist der § 175 zwar längst abgeschafft, doch scheinen die Vorurteile gegen Homosexuelle im Geschäft Profifußball immer noch verankert zu sein. Homosexualität steht zwar im Fußball nicht direkt unter Strafe, aber Homophobie ist ein Be-

155 Vgl. Erb, Andreas/ Leibfried, Dirk (2011): S. 10.

156 Vgl. Erb, Andreas/ Leibfried, Dirk (2011): S. 72 u. Emcke, Carolin/Müller-Wirth, Moritz (2014)

standteil des Fußballgeschäfts. Die aufgestellte These[157] trifft, wie gezeigt werden konnte, definitiv zu. Fußball wird als reiner Männersport betrachtet. Dabei gilt Homosexualität nicht als männlich, sondern als Schwäche. Der Druck auf einen jeden homosexuellen Profispieler in Deutschland ist groß, weil er bei einem Coming-out nicht mehr dem Ideal eines männlichen Fußballers entspricht, nicht zuletzt auch deshalb, weil kein Spieler im Falle eines Outings die Reaktionen seines Umfelds vorab einschätzen kann. Deshalb werden unter anderem Scheinehen eingegangen.

Um den Anschein des idealen heterosexuellen Fußballers aufrechtzuerhalten, wird ein Doppelleben für die Karriere in Kauf genommen. Deshalb ist zu diesem Zeitpunkt kein aktiver Profispieler gut beraten, sich zu outen, ohne seine Karriere aufs Spiel zu setzen. Es wird wohl noch sehr lange dauern, bis sich ein Profispieler öffentlich zu seiner Homosexualität bekennen und seine Karriere ungehindert fortsetzen kann. Der Profifußball in Deutschland hat noch einen langen Weg vor sich, bis Homosexualität akzeptiert wird. Es muss die Aufgabe aller (Vereine, Funktionäre, Spieler, Fans usw.) sein, gemeinsam gegen Homophobie vorzugehen und nicht die Augen zu verschließen. Denkt man an die Weltmeisterschaft 2014, als Deutschland in Brasilien Weltmeister wurde und sich die Menschen in den Armen lagen, zusammen feierten und im positiven Sinne ein Ausnahmezustand herrschte, wurde die integrative Macht des Fußballs deutlich. Fußball verbindet und kann jeden mit einschließen, der sich dafür interessiert.

Grundsätzlich scheint sich das Problem Homophobie nicht nur auf den Fußball zu begrenzen. Schweer macht deutlich, dass es zum Beispiel auch keine schwulen Tennisspieler, Handballer oder Golfer gebe, also ein Phänomen vorherrscht, welches sich über den gesamten Sportbereich zieht.[158] Diese Aussage trifft sicherlich zum größten Teil immer noch zu, jedoch gab es im Ausland einige männliche Profisportler, die in der Öffentlichkeit er-

---

157 Siehe Einleitung.

158 Vgl. Erb, Andreas/ Leibfried, Dirk (2011): S. 82.

klärten, dass sie homosexuell seien. Cruz war der erste aktive Profiboxer, der sein Coming-out öffentlich machte.[159] Er teilte im Oktober 2012 per Pressemitteilung der Öffentlichkeit mit, zwei Wochen vor seinem nächsten Kampf, dass er homosexuell sei. Des Weiteren bekannte sich der britische Turmspringer Daley in einem kurzen Video auf Youtube zu seiner Homosexualität. In dem Video[160] teilte der 19-jährige Bronzemedaillengewinner der Olympischen Spiele von 2012 in London mit, dass sich im Frühling des Jahres 2013 sein Leben sehr verändert habe. Er habe jemanden getroffen, der ihn sehr glücklich mache, und dieser jemand sei ein Mann.[161] 1994 bekannte sich der vierfache Goldmedaillengewinner im Turmspringen Louganis aus den USA zu seiner Homosexualität. Gleichzeitig teilte er der Öffentlichkeit sogar mit, dass er sich mit dem HI-Virus infiziert habe.[162] Der 25-jährige Fußballprofi Rogers machte dann im Februar 2013 sein Coming-out öffentlich. Allerdings beendete der ehemalige US-Nationalspieler gleichzeitig seine Karriere als Profi.[163] Einen ähnlichen Weg schlug auch der ehemalige NBA-Profi Amaechi ein. Amaechi spielte unter anderem für die Cleveland Cavaliers und die Utah Jazz. Im Jahr 2007, nachdem er seine Karriere beendete, bekannte er sich öffentlich zu seiner Homosexualität.[164]

Diese fünf Profisportler, die sich in der Öffentlichkeit geoutet haben, verdeutlichen einen ganz zentralen Aspekt. Die Profisportler, die eine Einzelsportart ausüben, wie z. B. Boxen oder Turmspringen, setzen ihre Karriere nach dem öffentlichen Outing fort. Im Gegensatz dazu beenden die Profisportler, die aus einer Mannschaftssportart wie Fußball oder Basketball kommen, nach ihrem Coming-out in der Öffentlichkeit ihre Karriere oder haben sie bereits beendet. Vor diesem Hintergrund muss also offenbar differenziert werden: Outet sich ein Profisportler aus einer Ein-

---

159 Vgl. Martin Pfnür (2014)

160 Daley, Thomas (2013)

161 Vgl. Haack, Melanie (2013)

162 Vgl. Martin Pfnür (2014)

163 Vgl. Martin Pfnür (2014)

164 Vgl. Martin Pfnür (2014)

zel- oder Mannschaftssportart in der Öffentlichkeit? Daran anknüpfend zeigt Littmann einige Probleme bzw. Hindernisse auf, mit denen ein Profisportler aus einer Einzelsportart wahrscheinlich nicht konfrontiert ist:

> „Der ist schwul…, das bringt Unruhe in die Mannschaft. Wir haben Spieler, die kommen damit nicht klar. Das wird es in jeder Mannschaft geben. Spieler, die gar kein Verhältnis zu Schwulen haben, keine Schwulen kennen, keine Schwulen möglicherweise aus ihrer Geschichte kennen. Da kommen Spieler an und sagen, mit dem dusche ich aber nicht …, da geht es ja schon los, also wer schläft denn jetzt mit dem Schwulen zusammen[165]. Oder auch, wer muss mit dem Schwulen zusammen schlafen. Der mit dem Schwulen zusammen schläft, möglicherweise noch freiwillig, könnte ja auch schwul sein. Wer weiß, was die miteinander treiben."

Wir leben in einer scheinbar toleranten Welt, mit modernen Normen, aber es gibt immer noch Bereiche in der Gesellschaft, in denen „anders seiende" Menschen nicht nur nicht akzeptiert, sondern mit allen Mitteln bekämpft werden, um ihre Ausgrenzung zu erreichen. Daraus folgt: Wenn dies in einem exemplarischen Fall gelungen ist, zeigt sich dieser Erfolg in doppelter Hinsicht. Zum einen wird der betroffene Spieler in der Fußballwelt, möglicherweise sogar in der gesamten Sportwelt, ausgeschlossen. Zum anderen wird dieser „Erfolg" andere homosexuelle Sportler in erheblichem Maße abschrecken, sich öffentlich zu outen, und möglicherweise von vornherein daran hindern, den angestrebten Weg in eine Karriere als Profifußballer zu gehen.

Ein deutlicher Fortschritt für mehr Offenheit und Toleranz in Deutschland wird kaum positive Auswirkungen ins Ausland tragen, da in zahlreichen Regionen der übrigen Welt (u. a. Afrika und Asien) noch wesentlich gravierendere Formen der Ablehnung und Verachtung gegen Homosexuelle vorherrschen. So beschreibt etwa Cruz, wie diskriminierend und brutal mit Homosexuellen in seinem Heimatland Puerto Rico umgegangen wird:

> „Ich liebe mein Heimatland Puerto Rico, doch es machte mich wütend, wie diskriminierend mit Homosexuellen dort lange Zeit umgegangen

---

165 In diesem Kontext meint Littmann z. B. das gemeinsame Wohnen in einem Hotel während eines Trainingslagers.

> wurde. Für Homosexuelle gab es dort eigentlich nur zwei Wege zum Tod: Entweder sie nahmen sich irgendwann ihr Leben, weil sie es nicht ertragen konnten, wegen ihres Andersseins akzeptiert zu werden. Oder sie wurden von Schwulenhassern ermordet, wie ein sehr guter Freund von mir, der erstochen wurde."[166]

Für einen Bewusstseinswandel bedarf es einer multilateralen Vorgehensweise, die allerdings nicht von einem Land aus gesteuert werden kann. Es muss ein globaler Prozess gegen Homophobie stattfinden, um einen Bewusstseinswandel vollziehen zu können.

Der Profifußball kann nicht ohne die finanzielle Unterstützung von Großsponsoren leben. Ob ein Großsponsor (z .B. aus der Bierbranche) Mannschaften, die homosexuelle Spieler unter Vertrag haben, in seinem Unternehmenskonzept dulden kann und wird, erscheint mir mehr als fraglich. Schließlich herrschen in einem Unternehmen in erster Linie die Gesetze von Gewinn, Rentabilität oder Verlust. Wenn ein Unternehmen dann mit einem homosexuellen Profifußballer in Verbindung gebracht wird, könnte dies zu einem Imageschaden des Unternehmens führen, und es kommt automatisch zu Verlusten.

Zusammenfassend scheint bis heute kein aktiver Fußballprofi gut beraten zu sein, seine eigene Homosexualität öffentlich zu machen, sofern er seine Karriere noch fortsetzen möchte. In diesem Kontext vertreten Lahm[167] wie auch Littmann[168] die Auffassung, die eigene Homosexualität besser geheim zu halten. Für Lahm sei die Angst zu groß, dass es einem noch aktiven Fußballprofi, der sich in der Öffentlichkeit zu seiner Homosexualität bekennt, wie dem englischen Profi Fashanu ergehen könnte. Im Oktober 1990 bekannte sich Fashanu, der unter anderem für Nottingham-Forest spielte, noch während seiner aktiven Karriere als Fußballprofi öffentlich zu seiner Homosexualität. Dafür bekam er von der Boulevardzeitung „Sun" insgesamt 80.000 Pfund. Sein

---

166 Meinhardt, Gunnar (2013)

167 Philipp Lahm ist Kapitän des FC Bayern München und wurde 2014 mit der deutschen Fußballnationalmannschaft Weltmeister in Brasilien.

168 Vgl. Interview mit Corny Littmann.

Bruder habe ihn vergeblich darum gebeten, nicht an die Öffentlichkeit zu gehen. Im Mai 1998 erhängte sich Fashanu in einer Garage im Londoner East End.[169]

Im Gegensatz zu Littmann[170], der den Medien eine durchaus positive Rolle im Falle eines öffentlichen Outings zutraut, betrachtet Lahm den Part der Medien äußerst kritisch. So fräßen die Medien den schwulen Profi regelrecht auf. Lahm persönlich habe kein Problem damit, wenn er einem schwulen Fußballer begegnete, unabhängig davon, ob er in einer gegnerischen oder in der eigenen Mannschaft spielt. Allerdings könne er nicht versichern, dass auch alle anderen Mannschaftskollegen kein Problem damit hätten. Darüber hinaus gibt es für Lahm einen weiteren Faktor, der gegen ein öffentliches Outing spräche. So gehe es in einem Stadion sehr archaisch[171] zu. Man habe es in einem Stadion mit sehr vielen Menschen zu tun, die sich in der anonymen Masse ganz anders verhielten, als sie es einzeln täten. Außerdem gehe es in einem Stadion nicht politisch korrekt zu. Die Fans suchten jede Schwäche des Gegners, um ihn anzugreifen, zu provozieren, in dem Glauben, das eigene Team zu stärken. Lahm möchte sich gar nicht vorstellen, was den Zuschauern alles einfallen könnte, um den schwulen Fußballer aus der Fassung zu bringen, der mit großer Wahrscheinlichkeit erheblich darunter zu leiden hätte.[172]

---

169 Bock, Andreas (2014)

170 Vgl. Interview mit Corny Littmann.

171 archaisch=altertümlich

172 Vgl. Lahm, Philipp (2011): S. 237-239.

10 ABSCHLIEßENDE BEMERKUNG

Homophobie ist ein gesamtgesellschaftliches Problem, das sich nicht auf den Profifußball beschränken lässt. Nahezu in allen Bereichen der Gesellschaft ist die Heterosexualität die soziale Norm und ein wichtiges gesellschaftliches Ordnungs- und Klassifikationsprinzip. Homosexualität wird als eine Art Störung von heterosexuellen Normen wahrgenommen und geht häufig einher mit homophoben Reaktionen, die bis hin zu Ausgrenzungen und Aufrufen zu Gewalt reichen können. Homophobie ist bis heute eine der am häufigsten akzeptierten Ausgrenzungsmechanismen in Deutschland.

Meiner Ansicht nach geht Homophobie uns alle etwas an, und gegen sie vorzugehen liegt in der Verantwortung eines jeden Einzelnen. Schließlich ist Homophobie ein Angriff auf die Grundrechte der Bundesrepublik Deutschland. Vor diesem Hintergrund müssen Respekt und Toleranz die Grundvoraussetzungen für eine funktionierende Gesellschaft sein. Dabei dürfen Respekt und Toleranz nicht nur für Schwule, Lesben, Bisexuelle oder Transsexuelle gelten, sondern für alle Menschengruppen, unabhängig von ihrer sexuellen Orientierung, ihrer Herkunft, ihres Glaubens, ihrer Sprache usw.

ANHANG

INTERVIEW MIT CORNY LITTMANN ZUM THEMA HOMOSEXUALITÄT IM DEUTSCHEN PROFIFUßBALL (GEFÜHRT VON CHRISTOPH ROHLWING AM 28.05.2012)

Bitte berichte mir von Deinem Werdegang.

Von Haus aus bin ich Theatermacher in jeder Beziehung. Also, ich spiele, ich inszeniere, mir gehören die beiden Häuser Schmidt und Tivoli, und ich komme eigentlich ursprünglich aus der freien Theatergruppenszene. Ich habe 1976 angefangen, 1988 haben wir das Schmidt Theater aufgemacht, 1991 das Tivoli Theater, und das ist mein Beruf, Theater, Leitung, Regie, Schauspielern, und ein bisschen schreibe ich auch selbst.

Wie bist Du zum Fußball gekommen?

Ich bin sehr früh zum Fußball gekommen, mit sechs, sieben Jahren habe ich mich für Fußball interessiert. Ich habe mir die Länderspiele im Wesentlichen immer angeguckt. Dann wurde ich größer, und je nachdem, wo ich gewohnt habe, zuerst in Münster, das war sehr früh, da spielte noch Preußen Münster, dann habe ich in Berlin gewohnt, bis zu meinem 15. Lebensjahr, und war dann zwangsläufig gewissermaßen Fan von Hertha BSC und Hertha Zehlendorf. Dann kam ich nach Hamburg und bin Mitte der 70er Jahre auf den Kiez gezogen und seitdem beständiger Besucher der Spiele des FC St. Pauli. Das wurde ein bisschen mehr, als wir das Theater aufgemacht haben, weil wir Bandenwerbung im Stadion gemacht haben. Das fand ich immer witzig, dass Theater als Bandenwerbung im Stadion war. Und damit war ich aber automatisch einer der Sponsoren des Vereins. Damals waren das ja andere Dimensionen als heute, viel weniger Geld, aber auch nicht unerheblich. Ich saß da immer auf der Haupttribüne, weil wir Sponsoren waren, und das ging so ab 1991/1992, ca. zehn Jahre lang. Wir haben damals eine sehr populäre Fernsehsendung gemacht, dadurch kannten mich natürlich viele Leute. Im Jahr 2002, im Sommer, bin ich gefragt worden von verschiedenen Personen, ob ich nicht Mitglied des Aufsichtsrates werden wolle und da habe ich gesagt, gut, wenn die sich nicht so oft treffen, dann könnte ich das ja machen. Dann haben sie festgestellt, und dann haben sie mich gefragt, ob ich Vereinsmitglied bin, und dann habe ich gesagt, ich bin natürlich kein Vereinsmitglied, weil ich deutsche Vereine ganz ekelhaft finde. Das war der Ausschlussgrund, weil ein Aufsichtsratmitglied vier Jahre Mitglied im Verein sein muss. Dann bin ich Vereinsmitglied geworden. Daraufhin habe ich gesagt, dann könnt ihr mich in vier Jahren ja noch mal wieder fragen. Im November, der Präsident war überraschenderweise zurückgetreten, das war Reenald Koch, fand eine Wahl eines neuen Aufsichtsrates statt, und dann haben sie einen Präsidenten gesucht und mich gefragt, ob ich nicht Präsident werden wollte. Ein Präsident muss skurrilerweise nicht einen Tag Vereinsmitglied sein. Der kann einfach so von außen kommen. Dann habe ich das lange hin und her überlegt, ich wollte eigentlich immer einmal Präsident eines deutschen Fußballklubs sein, so eigentlich nur aus Leidenschaft, weil ich ja seit Jahrzehnten ein Fußballfan bin. Ich habe dann mit einigen Leuten geredet und gesagt, ok, dann mache ich das. Ich war dann 7 ½ Jahre Präsident des FC St. Pauli. Im Mai 2010 erfolgte dann der Aufstieg in die Erste Bundesliga. Nach dem Aufstieg in die Erste Bundesliga bin ich dann zurückgetreten.

Wann hast Du Dich zu Deiner Homosexualität bekannt, und wie waren die Reaktionen Deines Umfeldes?

Es ist lange her. Dazu muss man wissen, dass 1969 der § 175 StGB reformiert, aber nicht abgeschafft wurde. Das passierte erst sehr viel später. Bis 1969 war ja eine homosexuelle Handlung strafbar,

d. h. viele Schwule, die damals vielleicht um die 30 Jahre alt waren, haben das ja noch ganz hautnah miterlebt. Und die ganzen Schwulenbewegungen, die damals entstanden, Anfang der 70er Jahre, sind im studentischen Milieu verankert gewesen. Das Ganze war sehr studentisch geprägt in den Universitäten. Von da ging es aus, ich habe damals studiert und bin, wie die Zufälle des Lebens sind, zufällig da hineingeraten. Im Freundeskreis hatte ich überhaupt kein Problem damit. Ich hatte das Glück, dass ich gerade die Schule verlassen hatte, also gerade Abitur gemacht hatte, und das fiel gerade so in die Zeit zwischen Abitur und Studienbeginn, dadurch habe ich auch gar nicht in so einem gewohnten sozialen Umfeld, mal von der Familie abgesehen, mich irgendwie outen müssen. Es gab jetzt nicht so im Freundeskreis Menschen, die sich von mir distanziert hätten oder sich mir besonders zugewandt hätten, es waren eigentlich alles junge Menschen, mit denen ich in eine Wohngemeinschaft gezogen bin, die ich erst recht kurz kannte und die aber auch sehr aufgeschlossen waren. Es war ja die WG-Zeit. Mit meinen Eltern war das etwas problematisch. Nicht so sehr meinetwegen, sondern eher wegen der Kollegen meines Vaters, die sollten nicht unbedingt mitkriegen, dass er einen schwulen Sohn hatte, behindert ging noch, aber schwul gar nicht. Über die Jahre hat es sich dann aber ganz anders entwickelt, ich habe dann später ein sehr gutes Verhältnis zu meinen Eltern gehabt. Es hat sich vieles glücklich gefügt. Ich habe 1976 eine schwule Theatergruppe gemacht, die auch sehr populär war in der alternativen Szene. Ich habe einmal 1980 hier in Hamburg für die Grünen zum Bundestag kandidiert, als die Grünen aber keine Chance hatten, in den Bundestag zu kommen. Es war aber mehr eine symbolische Kandidatur. Die Theater-AG hat die Fernsehsendung gemacht, als ich 2002 dann Präsident geworden bin. Ich konnte schlechterdings nicht sagen, dass ich meine sexuellen Neigungen mal eben geändert habe. Das wäre ein Witz gewesen. Ich war ja ein stadtbekannter Schwuler. Deshalb war das ja gar keine Frage.

Was zeichnet Deiner Meinung nach den Profifußball als „Männersport“ aus?

Das ist aber eine schwierige Frage, die ist ja fast philosophisch. Na gut, ich meine, geschichtlich betrachtet ist davon ja rudimentär noch etwas übrig geblieben. Fußball war immer Männersport, und als der Frauenfußball aufkam und sich etwas mehr professionalisierte und die Frauen ja dann auch noch Weltmeister geworden sind, im Gegensatz zu den Männern, da hat man dann ja eigentlich gesellschaftlich schon an den Reaktionen gemerkt, dass es eine lange Zeit sehr gespalten war, also auch vom Deutschen Fußball-Bund, der den Frauenfußball lange Zeit nicht überhaupt wahrgenommen hat oder nicht wahrnehmen wollte, die dann im Illegalen agiert haben, es ging eigentlich bis in die 70er, 80er Jahre. Frauen spielten keinen Fußball oder spielten zumindest keine Rolle im Fußball. Frauen spielten meist keinen Fußball oder irgendein anderes Spiel. Oder wenn sie was spielten, war es kein Fußball. Historisch betrachtet ist Fußball eine männerdominierte Sportart. Was sich sehr geändert hat, darauf kommen wir noch zu sprechen: In den 60er, 70er, 80er Jahren, also nach Gründung der Bundesliga, gab es ja vorwiegend deutsche Mannschaften. Also wenn man sich die HSV-Mannschaft mit Uwe Seeler, Dieter Seeler und Charly Dörfel usw. anguckt, das waren ja ausschließlich deutsche Spieler. Das hat sich fundamental geändert, d. h. heute kann man sagen, gibt es kaum eine Mannschaft in der Ersten und Zweiten Bundesliga, die überhaupt mehrheitlich deutsche Spieler hat. Also ich sage immer, die Europäische Union ist nirgends so verwirklicht wie im Fußball, weil heute alle möglichen europäischen Nationalitäten, manchmal ja auch Brasilianer, in den ersten beiden Ligen spielen. Das, glaube ich, ist wesentlich entscheidender, weil die natürlich auch ein Männerbild haben, das sich sehr von unserem unterscheidet. Also, da ist der Mann ohne Frage der Dominante und die Frau das Anhängsel der Küche und Kinder, das ganze Klischee aus den 50er Jahren kommt über die ausländischen Spieler wieder in den deutschen Fußball rein. Die haben ja eine sehr festgefahrene Rollenvorstellung und im Übrigen eben auch vielfach eine ausgeprägte antischwule Haltung und alle dämlichen Vorurteile, die man sich denken kann. Durch den Einfluss dieser sehr chauvinistischen geprägten Kulturen ist nicht nur der deutsche, sondern auch der internationale Fußball sehr viel chauvinistischer geworden.

Warum hat sich bis heute kein aktiver Profifußballer in Deutschland geoutet?

Warum nicht? Weil er dumm wäre, dass zu tun. Jeder, der es eigentlich tun würde, wäre dumm. Das ist ja jetzt eine lange Geschichte. Ich erzähle jetzt eine lange Geschichte dazu. Also, es beginnt damit: Ein Profifußballer oder die Karriere eines Profifußballers beginnen nicht mit seinem ersten Profivertrag, den er macht, sondern in den Jugendmannschaften, also eigentlich in der B-Jugendmannschaft, und in der A-Jugend dann in den entsprechenden Auswahlmannschaften, und da wird ja heute schon geguckt nach den Spielern, die vielleicht mal Profi werden können. Und schon in diesen jugendlichen Gruppen hast Du eine Situation, die sich dann auch später im Männerfußball bzw. im Profifußball, nämlich sind diese erst mal fixiert auf den Fußball, die kennen eigentlich außer Fußball rechts und links nichts anderes. Die gehen zwar noch zur Schule, aber es ist alles fokussiert auf den Fußball, die sind beständig mit anderen Jungs zusammen. Und das ist ja oft auch erzwungen, also irgendwelche Trainingslager oder was die dann auch mal an Vorbereitungen machen, sind ja nicht unbedingt freiwillig, sondern gehören ja, sind ja Teil ihres zukünftigen Berufsbildes, was sie haben. Und schon in dem sozialen Umfeld zu sagen, ich bin anders als die Kollegen, die ja beständig über Frauen reden, ein ständiges Thema unter Fußballern, schon in dem sozialen Umfeld bedarf es einer Stärke einer Person, sich zu ihrem Anderssein zu bekennen, was die meisten Personen schlichtweg überfordert. Also, da sind sie schon in eine soziale Gruppe eingebunden, die eigentlich Schwulsein gar nicht kennt und wahrhaben will. Hinzu kommt die Trainergeneration. Das geht dann noch weiter in die ersten Ligen. Man kann ja eigentlich vom Umfeld, also nicht nur von den Mitspielern, sondern auch von den Übungsleitern, Trainern und Trainerteam, im Zweifelsfall keine Unterstützung erfahren, weil sie in aller Regel so klein kariert sind. Sie setzen sich gar nicht damit auseinander, das gibt es gar nicht. Es gibt sie nicht, keine Schwulen. Es gibt keinen Ansprechpartner. Nun betrifft es nicht nur das Schwulsein, sondern auch andere Beziehungsprobleme, die die Jungs dann haben: die erste Freundin, was damit an Freud und Leid zusammenhängt, was auch nicht unbedingt Gegenstand jetzt dieser Gruppenkommunikation ist, es geht immer nur um Fußball. Das Berufsbild eines Profifußballers ist einerseits dadurch geprägt, dass er ähnlich wie ein Balletttänzer zwischen 19 und maximal 35 Jahren diesen Beruf ausüben kann. Wenn er Glück hat, und das ist selten der Fall, also die ganzen 16 Jahre, meistens wird er davon zwei bis vier Jahre verletzt sein, aber so von der Vertragssituation hat er die Möglichkeit, 16 Jahre vielleicht den Beruf auszuüben. Jetzt kannst Du statistisch nachgucken, wie oft wechselt ein Spieler den Verein? Die wenigsten Spieler, es ist die große Ausnahme, gehen von der Jugend in die erste Mannschaft und bleiben dann auch bei dem Verein. Die Regel heute ist, ein Spieler, der einen Profivertrag bekommt, fangen wir mal an bei einem der großen Vereine, bei Dortmund, bei Leverkusen, Bayern München, ein solcher Spieler wird ausgeliehen an einen Zweitligisten und, wenn er entsprechende Spielpraxis hat, wird er dann wieder geholt. Aktuelles Beispiel bei uns hier Lasse Sobiech, der hat eine überragende Saison gespielt, immer, wenn er spielen konnte, war lange Zeit verletzt, aber immer, wenn er gespielt hat, hat er überragend gespielt, von Dortmund ausgeliehen, von Dortmund zurückgeholt, und wird im Zweifel wieder ausgeliehen an einen anderen Verein, so lange, bis Jürgen Klopp sagt, den kann ich jetzt in der ersten Mannschaft gebrauchen, weil Hummels nicht mehr die Leistung bringt. Also, der Werdegang eines Spielers ist geprägt durch regelmäßigen Vereins- und Ortswechsel. Man kann sagen, im Durchschnitt verbleibt ein Spieler zwei, maximal drei Jahre bei einem Verein. Du musst dann wissen, wie die Vereine überhaupt entscheiden, einen Spieler zu verpflichten oder nicht. Also zu allererst natürlich ganz klar, da steht im Vordergrund, wie ist die spielerische Leistung, wie ist der Status, wie spielt der im Moment? Ja, das Zweite ist dann schon die spekulativere Einschätzung, welches Entwicklungspotenzial hat dieser Spieler, ist er talentiert? Der könnte eigentlich noch besser werden, wenn er zwei, drei Jahre spielt und trainiert. Und das Dritte ist dann, welche Risikofaktoren es bei dem Spieler gibt. Das erste Risiko ist eine Verletzung: Der ist verletzungsanfällig, der hat schon einmal eine Knieoperation gehabt, Kreuzbandriss. Dazu gibt es die sportmedizinischen Untersuchungen, aber auch die Erfahrungswerte aus der Vergangenheit. Wie oft hat er eigentlich bei seinem vorherigen Verein gespielt und wie oft ist er verletzt gewesen? Das zweite Risiko ist: Wie ist er denn charakterlich? Quasi so ein laienhaftes Psychogramm. Hat der Spieler eine feste Freundin, hat er keine, lebt er in einer Beziehung, wie lange lebt er schon in einer Beziehung, ist von dem bekannt, dass der Alkohol trinkt, dass er raucht, möglicherweise eine Neigung hat zu Wettspielen und so? Und in die Kategorie gehört genauso: „Der ist schwul". Also schwul ist eigentlich noch gravierender als „Der ist beziehungsunfähig" oder immer wechselnde Frauengeschichten. Es ist eigentlich deshalb schwieriger, und jetzt kommt es wieder reflexartig gewissermaßen, weil sie sagen, das bringt Unruhe in die Mannschaft. Wir haben Spieler, die kommen damit gar nicht klar. Das wird es in jeder Mannschaft geben. Spieler, die gar kein Verhältnis zu Schwulen haben, keine Schwulen kennen, keine Schwulen möglicherweise aus ihrer Geschichte kennen. Ein Russe, der in Deutschland spielt und dann mit einem Schwulen zusammen spielen soll, ist schon gar nicht denkbar. Bei anderen Nationalitäten, also bei den Kroaten, bei den Serben, sieht es nicht unbedingt anders aus. Also, der Schwule bringt Unruhe in die Mannschaft. Der macht Probleme und es wird gar nicht danach geguckt, also macht der jetzt ursächlich Probleme oder haben andere ein Problem mit ihm, was ja in der Regel der Fall ist. Aber es ist etwas, was nachträglich schädlich für das Mannschaftsgefüge ist. Da kommen Spieler an und sagen: „Mit dem dusche ich aber nicht." Oder der eine oder andere guckt dem anderen auf den Schwanz, das mögen die nicht. Also, alle blöden Vorurteile, die man sich denken kann, kommen dann zum Tragen. Also wird ein Verein sagen, ein Spieler, der potenziell Probleme macht, den wollen wir gar nicht erst haben. In der Regel sind die Trainer ja auch fokussiert auf Fußball, und viele haben überhaupt nicht die soziale Kompetenz, obwohl sie noch Psychologie als Lehrfach in ihrer Ausbildung gehabt haben, aber die haben keine soziale Kompetenz, um damit umgehen zu können. Mitunter vielleicht, ich habe das alles erlebt, sind die dann selber noch in ihrem Sozialverhalten Frauen gegenüber ein bisschen fragwürdig. Und das in einer sozialen Umgebung, die ja eben sehr männergeprägt ist, die sind ja noch viel mehr zusammen, zwangsweise zusammen, als Jugendmannschaften dann, da geht es ja schon los, also wer schläft denn jetzt mit dem Schwulen zusammen. Oder auch, wer muss mit dem Schwulen zusammen schlafen. Der mit dem Schwulen zusammen schläft, möglicherweise noch freiwillig, könnte ja auch schwul sein. Wer weiß, was die da miteinander treiben. Alles, also drum herum, alle Gerüchte, die man sich vorstellen kann. Also, unterm Strich durchaus denkbar, wenn man es jetzt positiv wenden würde, und weil es ja in meiner Amtszeit hätte passieren können, dass sich ein Spieler des FC St. Pauli geoutet hätte, dann hätte der jede Rückendeckung vom Verein gekriegt. Nur er würde nicht weiter verpflichtet werden, weil er schwul ist und sich dazu bekannt hätte, kriegt er keinen dauerhaften Vertrag. Er kann keinen Vertrag auf Lebenszeit bekommen, nur weil er schwul ist, sondern er bekommt einen Vertrag, weil er gut spielt. Er muss aber schon besonders gut spielen, eigentlich, um mehr entsprechende Reputation in der Mannschaft zu haben. Die Schwuchtel sitzt auf der Ersatzbank, ist nicht unbedingt förderlich. Diese Situation wäre auch vorstellbar gewesen beim FC St. Pauli, fraglos, dass ein Spieler von der Mehrheit der Mannschaft akzeptiert worden wäre und respektiert worden wäre und dort auch integriert worden wäre. Gar keine Frage. Sicher auch mithilfe des Trainers, mit meiner Hilfe, mit vielleicht Beratern, die dazu gezogen worden wären, wäre möglich gewesen. Nur, auch der betroffene Spieler bleibt auch nur zwei bis drei Jahre beim FC St. Pauli. Wo geht er denn dann hin? Nach Paderborn? Vielleicht zum erzkatholischen Paderborn? Wo geht er dann hin? Weil dieses Etikett „Das ist der erste deutsche schwule Profifußballer" ihm sein Leben lang anhängen wird. Die Medien werden es hypen, durchaus im positiven Sinn, und sagen, guck mal, wie mutig der ist. Der erste deutsche schwule Fußballer. Der wird von vorne bis hinten beobachtet, das ist sein Freund, der wird auseinandergenommen und wird immer, wenn er zu einem anderen Verein wechseln will, den Stempel haben „Das ist ein schwuler Fußballer." Deshalb, aus den genannten Gründen, ist es gar nicht möglich, sich zu outen. Es wird immer über die Fans geredet, beleidigen sie den Spieler, oder was weiß ich, das ist alles völlig zweitrangig. Wichtig ist, dass in seinem sozialen Umfeld, also in seinem Berufsumfeld, damit nicht umgegangen werden kann unter den bestimmten Bedingungen. Deshalb ist das einzig Denkbare überhaupt, dass ein Spieler, der unmittelbar vor seinem Karriereende steht oder seine Karriere schon beendet hat, sagt: „Im Übrigen, ich bin schwul und die ganze Zeit gewesen." Das ist das einzig Denkbare. Ein guter Vergleich ist der walisische Rugbyspieler, der Kapitän der Nationalmannschaft, der ausgeschieden ist aus dem aktiven Sport mit 35 Jahren, und dann sagte: „Ich bin schwul." Der ist eigentlich ein guter Vergleich.

Glaubst Du, dass es einen Unterschied machen würde, wenn sich ein Spieler aus der Dritten oder Ersten Bundesliga outen würde?

Es kommt ein bisschen darauf an, ein Erstligaspieler ist natürlich für die Medien interessanter. Ein Spieler aus der Dritten Liga würde sich wahrscheinlich die Karrieremöglichkeiten für die Zukunft verbauen, es sei denn, es sei schon kurz vor Abschluss seiner Karriere. Er hätte keine Chance mehr, in der Ersten oder Zweiten Liga zu spielen.

Warum wird immer wieder von Schimpfwörtern wie Schwuchtel, schwule Sau etc. auf dem Spielfeld Gebrauch gemacht?

Beleidigungen persönlicher Art, auch wie „Ich fick Deine Mutter" und solche Geschichten, jetzt bei den Nationalitäten, wo man weiß, da kochen die Emotionen hoch, ist im Grunde genommen jedes Mittel recht, um den Gegenspieler in Rage zu bringen und etwas zu veranlassen, was er eigentlich gar nicht wollte, bei manchen geht da schnell auch die Lampe aus. Dann das zweite überflüssige Foul machen und vom Platz fliegen. Also, es ist ja im Grunde genommen bemerkenswert, dass es überhaupt noch funktioniert und man einen anderen Spieler so in Rage bringen kann.

Besteht die Gefahr, dass Parallelen auftreten könnten bzgl. des Falles Robert Enke?

Ich würde sagen, bei jeder Form der Depression oder psychischen Erkrankungen, wir kommen da wieder zu dem Punkt, ein Spieler darf keine Schwäche zeigen. Schwulsein gilt im Profifußball als Ausdruck der Schwäche. Was im Übrigen dazu führt, was ich schon öfter mal gesagt habe, wenn man guckt, wer unter den Bundesligafußballern schwul ist oder schwul sein könnte, dann guckt man am besten nach denen, die die meisten Gelben Karten haben. Alleine, um den Anschein zu vermeiden, man könne schwul sein, ist der Reflex genau anders herum, und dass sie sagen: „Ich bin hier der harte Typ, der jeden umsenst." Ich glaube, dieses Doppelleben, das ist nicht auf schwule Fußballer beschränkt. Bei denen ist es natürlich extrem, weil sie in jedem Moment, und das ist für einen Hetero immer schwer nachvollziehbar, in jedem Moment darauf achten, dass sie gar nicht erst den Anschein erwecken, sie könnten schwul sein. Im Zweifel sind die schwulen Fußballer diejenigen, die die schmutzigsten Frauenwitze erzählen, die immer eigentlich einen Schritt im Voraus mal schon sagen, prophylaktisch verhalte ich mich so heterosexuell, dass gar nicht erst in meinem sozialen Umfeld der Verdacht aufkommt, ich könne schwul sein. Das in Übereinstimmung zu bringen mit ihrem Privatleben, ist sicherlich nicht ganz einfach, und ich vermute mal, viele schwule Fußballer sind alles andere als glücklich damit, nur in ihren eigenen vier Wänden schwul sein zu können. Selbst da werden sie im Zweifel beobachtet, weil jemand sieht, wer geht in sein Haus herein oder wer trifft wen wo, also, es ist alles andere als ein beneidenswertes Leben, was sie da führen. Aber es ist ja auch so, dass andere Auffälligkeiten, die als Schwäche ausgelegt werden, also, Spielsucht oder Alkoholabhängigkeit, das wird ja auch alles heimlich praktiziert, es kommt ja keiner mit der Whiskyflasche zum Training. Ein Profifußballer wird immer versuchen, den Schein aufrecht zu erhalten. Nehmen wir das Beispiel Breno, der angeblich sein Haus angezündet hat. Frag mich, ob er es getan oder nicht getan hat, weiß ich nicht, ist ja auch nicht interessant, es muss ja schon eine sehr spezielle Vorgeschichte geben in einer Beziehung unter Umständen, die dazu geführt hat, dass er überhaupt, vorausgesetzt, ich meine, er hat das gemacht, dass er sein eigenes Haus anzündet. Das passiert ja nicht von eben auf gleich. Man bekommt ja nur die Spitze des Eisbergs mit, was bei denen los gewesen sein könnte. Es hängt natürlich auch damit zusammen, dass die mediale Berichterstattung in den letzten zehn bis 15 Jahren sehr viel boulevardesker geworden ist, sehr viel mehr auf Persönliches der Spieler eingeht und die natürlich als verständlichen Reflex gucken, dass sie ihre Privatsphäre so weit wie möglich außen vorhalten, aber, sagen wir, die Beobachtungen der Spieler und im Übrigen auch die Macht der Medien dann ist eigentlich unvorstellbar. Ich habe ja mit Redakteuren der Bild-Zeitung geredet über das Thema „schwule Fußballer." Dann sind die Mikrofone aus und dann erzählen die Dir, wer alles schwul ist im deutschen Fußball. Nicht nur, dass sie es wissen, sondern sie haben auch die Fotodokumente dazu, die haben das alles. Dann kann man sich ja vorstellen, dass sie im Zweifel mit einem Trainer, mit einem Spieler so umgehen, dass sie sagen, pass mal auf, mein lieber Freund, ich habe alles Mögliche von Dir, reden wir doch mal so vernünftig miteinander, ich erzähle auch nichts davon, dann kommt eine Homestory, die den Spieler in einem völlig anderen Licht erscheinen lässt. Es ist auch ein Druckmittel, das von der Medienseite mit Sicherheit auch genutzt wird. Das ist ein Geschäft auf Gegenseitigkeit, was die da betreiben. Es betrifft wahrlich nicht nur die Schwulen, sondern auch andere.

Es gibt allerdings auch Vereine, der FC Bayern München zum Beispiel ist da vorbildlich, die eben ihre Spieler nicht nur schützen, sondern auch ganz aktiv dazu beitragen. Nimmt man das Beispiel Sebastian Deisler, den haben sie lange Zeit mit durchgeschleppt mit dem Vertrag, wissend, dass er nie wieder spielen wird. Und dann so ganz fern von der Öffentlichkeit ist er in Behandlung gewesen, ich weiß nicht, was er im Moment macht, aber die haben schon sehr ihre schützende Hand über Sebastian gehabt. Es gibt aber auch Vereine, die da durchaus verantwortungsvoll umgehen. Angeblich auch Spielern eine Freundin zur Seite stellen, damit der Anschein gewahrt wird.

Warum wird die Homosexualität beim Frauenfußball anders bewertet als bei Männern?

Weibliche Sexualität wird einfach nicht so ernst genommen wie die männliche. Es ist ja auch in der öffentlichen Wahrnehmung viel uninteressanter, wenn eine Frau lesbisch ist. Es spiegelt sich im Fußball genauso wieder. Nichtsdestotrotz hat es ja im Frauenfußball auch einen Vorfall gegeben mit der Nationaltrainerin, dass eine Spielerin gesagt hat, sie hat irgendwelche Beziehungsprobleme mit ihrer Freundin, die beide gespielt haben. Eine von beiden ist nicht mehr nominiert worden, nachdem es öffentlich geworden ist. Es ist ca. fünf bis sechs Jahre her. Aufgrund der Tatsache, dass es öffentlich gemacht wurde, dass die Spielerin es öffentlich gemacht hatte, konnte sie nicht mehr in der Nationalmannschaft spielen. Irgendwie weiß es jeder, keiner redet darüber und wir nehmen das halt mal so hin. Aber natürlich ist das auch ein Reflex auf die gesellschaftliche Minderwertschätzung der weiblichen Sexualität, heißt aber auch wiederum, das passt ja ins Vorurteil, dass Fußball ein Männersport ist, und wenn dann schon Frauen Fußball spielen, dann sind es wahrscheinlich Lesben, also vermännlichte Frauen.

Warum können Fußballprofis ihre Privatleben einschließlich ihrer Sexualität nicht einfach privat halten?

Sehr häufig geht das ja gar nicht. Nehmen wir mal das schöne Beispiel „Wer fährt welches Auto?“ … Da ist eine Menge Wahrheit daran, wenn Du also den Charakter der Mannschaft des FC St. Pauli analysieren willst, dann geh auf den Spielerparkplatz und gucke Dir an, wer welches Auto fährt. Da hast Du dann 21-Jährige, die einen Audi Quattro fahren, das ist für sie das Ding. Bei irgendwelchen offiziellen Anlässen, wo sie mit ihren Freundinnen auftauchen, dann ist offensichtlich die Reihenfolge, dass es erst das Auto ist, dann die blonde Tusse, die sie um sich haben, dann mal gucken, was man für Klamotten an hat. Aber im Übrigen muss man sagen, jetzt auf unsere Mannschaft bezogen, das Privatleben eines Spielers in der Zweiten Liga ist nicht so rasend interessant. Das Privatleben eines Nationalspielers ist interessanter, auf der Ebene interessiert es schon. Wer ist die Freundin von

Bastian Schweinsteiger, wechselt der die jetzt, oder hat er eine neue Freundin? In der Zweiten Liga ist das eigentlich nicht interessant.

Glaubst Du, dass sich in Deutschland in absehbarer Zeit homosexuelle Spieler outen werden?

Nein. Das glaube ich nicht. Wie gesagt, die einzige Möglichkeit wäre, dass es Exspieler tun und dann vielleicht auch nicht einer, sondern mehrere auf einmal. Zumal das Gerücht umgeht, was ich auch für nicht unwahrscheinlich halte, dass es eine Gruppe von schwulen Spielern gibt, die sich gegenseitig kennen, die auch Kontakt miteinander haben und die im Zweifel vielleicht auch sagen würden „Jetzt treten wir hier mal als Gruppe auf."

Du hattest in einem Interview mit der „Die Welt" im Jahre 2006 einmal gesagt, dass es so etwas wie ein Netzwerk gibt. Könntest Du das näher erläutern?

Angeblich gibt es so etwas. Ich habe mich nicht näher damit beschäftigt. Ich könnte mir vorstellen, dass sie sich gegenseitig unterstützen und eben voneinander wissen.

Angenommen, ein Spieler würde sich outen wollen und käme zu Dir. Was würdest Du ihm raten?

Ich würde ihn erst einmal fragen, ob er weiß, was das für Konsequenzen für ihn hat. Ob er sich dessen bewusst ist, was das mit sich bringen kann, was das in der Konsequenz heißen kann. Wenn er sagt: „Das weiß ich alles, zumindest nehme ich das alles in Kauf", dann würde ich sagen: „Ja, dann mach es." Ich würde jetzt keinem raten: „Oute dich unbedingt." Es ist eine Abwägung von Interessen, Befindlichkeiten und all so was. Wenn er sagt: „Ich leide so darunter, mir ist es wichtiger, dass ich offen als Schwuler lebe, als dass ich noch eine Zukunft als Profifußballer habe", dann würde ich immer sagen: „Ja, dann mach das." Also, wenn der jetzt nur rationale Gründe dafür hätte, wenn er nicht emotional so darunter leiden würde, wenn er jetzt sagen würde, einer muss den ersten Schritt tun, dann würde ich sagen, das ist ein bisschen wenig, denn die eigene Karriere wird aufs Spiel gesetzt.

Wie geht Deiner Meinung nach der DFB mit dem Thema Homosexualität um?

Theo Zwanziger hat sich erstaunlich häufig und sehr offensiv auch dazu geäußert. Ich habe in Hamburg ... Anlässlich eines Länderspieles hat Zwanziger gesagt, wir sollen doch mal unter vier Augen darüber miteinander reden, was wir gemacht haben. Dabei habe ich mit Entsetzen festgestellt, dass er da ganz naiv an das Thema rangeht. Naiv insofern, als ihm gar nicht bewusst war, welche Konsequenzen es für den Beruf des Profifußballers innehat. Ich glaube, im Zweifel zumindest, was den DFB anbetrifft, wären sie damit ernsthaft überfordert. Sie könnten nur wie die Medien aussagen: „Wir finden es ja ganz super, dass einer so mutig ist." Nur, weil Du das Beispiel Robert Enke erwähnt hast, ist ja die Frage, was denn daraus erwachsen ist. Die vielen Appelle, man möge doch mehr auf die Befindlichkeiten und das Doppelleben der einzelnen Spieler Rücksicht nehmen. Ich will überhaupt nicht in Abrede stellen, dass Zwanziger und andere Spitzen des DFB ernsthaft und voller Überzeugung meinen, dass man was sagen und was tun muss, aber letztlich sind sie, wenn es dazu käme, auch hilflos damit. Diese Hilflosigkeit hat ja verschiedene Gründe. Zum einen: Woher sollen sie es wissen, wie soll man darauf reagieren? Zwanziger hat sicherlich in seinem Leben schon Schwule kennengelernt und auch mit denen an einem Tisch gesessen und diskutiert. Weiß ich, ob der einen Enkel hat, der schwul ist oder trallala, und das ist sicherlich bei den meisten so, die beim DFB beschäftigt sind. Bei der DFL sieht es auch nicht viel anders aus. Die DFL könnte vielleicht mehr dazu sagen, mehr darauf einwirken. Auch da sind ja nicht unbedingt die qualifizierten Leute, die mit dem Thema umgehen können. Was ich interessant fände: Was sagt die Spielergewerkschaft dazu? Natürlich auch, was einzelne Vereine dazu sagen. Auch bei den Vereinen ist es ja in der Regel ähnlich, dass die nichts damit zu tun haben oder zu tun haben wollen. Es gibt natürlich eine Art Gegenbewegung innerhalb der Fanszene, auch im Amateurfußball gibt es mittlerweile schwule Fußballvereine, es gibt in den verschiedensten großen Vereinen schwule Fangruppen, die sich auch bemerkbar machen im Stadion und sicher auch zur Bewusstseinsveränderung beitragen. Eigentlich ist der Status immer noch so, das ist politisch nicht korrekt, sich gegen Schwule zu äußern. Aber eigentlich will man damit nicht viel zu tun haben. In der Geschichte meiner Präsidentschaft beim FC St. Pauli war es schon ganz interessant, weil es im ersten Moment durch die Bank weg so bei den Fans war: „Hier guckt mal her, wir haben einen schwulen Präsidenten. Und welcher andere Verein hat das schon? Wir sind anders als die anderen Vereine." Ich habe ja gesagt, das Thema ist abendfüllend, aber es ist nicht meine Hauptbeschäftigung, schwul zu sein. Ein Schwuler hat ein anderes Verhältnis zum Tabubruch, als es ein Heterosexueller hat. Ein blödes Beispiel dazu: Wir haben ja diese Rettungsaktion gemacht, die verschiedene Facetten hatte, das Retter-T-Shirt wurde zu einem Verkaufsschlager, nicht in Hamburg. Es haben zwar 10.000 bis 15.000 Menschen dieses T-Shirt in Hamburg gekauft, aber national und international war es viel erfolgreicher. Wir haben die Bestellungen genau durch eine mediale Begleitung verfolgt. Nachdem ich bei Kerner in seiner damals noch populären Talk-Show war, die es schon lange nicht mehr gibt, da war ich zusammen mit Elton zu Gast mit diesem T-Shirt und habe ihm auch eines geschenkt und war bei Sandra Maischberger damit, und somit ging das durch alle Medien. Danach kamen die ganzen Bestellungen. Das erste, was suspekt war, war, dass auf einmal eine nicht definierbare, zwar quantitativ erfassbare, aber nicht näher sozial definierbare Gruppe von Menschen dieses Shirt bestellte. Das war strategisch so ausgerichtet. Das wollten wir, dass viele Menschen sagen: „Wir sympathisieren mit dem Verein, wir helfen denen." Viele Menschen, die auch noch nie im Stadion waren. Dann kam die skurrile Situation, nämlich gab es in ganz Europa keine braunen T-Shirts mehr. Alle waren ausverkauft. Die Vereinsfarben sind ja nun einmal braun-weiß, und das ursprüngliche Retter-T-Shirt war ein braunes mit weißem Aufdruck. Dann habe ich gesagt: „So, wann kommen denn die nächsten T-Shirts?" – „In sechs Wochen". Sechs Wochen konnten wir aber nicht warten. Was nun? Dann drucken wir schwarze T-Shirts mit weißem Aufdruck. Dieser harte Kern vom Merchandising damals war entschieden dagegen, dass wir schwarze T-Shirts nehmen. „Das ist Frevel, geht nicht. Du kannst keine schwarzen T-Shirts drucken." Da habe ich gesagt: „Das ist doch scheißegal, jetzt verkaufen wir die Dinger, wenn die Leute schwarze kaufen." Dann haben wir einfach an denen vorbei schwarze produzieren lassen und verkauft. Dann kamen die Eltern von den Kleinen und sagten, dass sie Retter-T-Shirts für ihre Kinder haben wollen. Dann kam der CSD in Hamburg und hat rosa T-Shirts machen lassen, geht gar nicht mit dem Verein, ich sagte ja bereits, ein Schwuler hat ein anderes Verhältnis zu einem Tabubruch wie auch zur Prostitution als ein Hetero. Was sollte es, darauf zu beharren, wir brauchen nur braune T-Shirts. Während meiner Präsidentschaft haben wir mehrfach untypische Entscheidungen getroffen, und zwar letztlich immer zum Wohle des Vereins, aber mit Stirnrunzeln des Vereinsgremiums.

Es gibt schon einen bestimmten Umgang, der auch darin begründet liegt, dass es ein schwuler Präsident war. Mich hat nächtlich ein Spieler angerufen: „Hast Du ein Zimmer für mich?" Ich habe gefragt: „Wie lange brauchst du das Zimmer, einen Tag oder ein Jahr?" Er antwortete: „Eine Stunde." – „Besorg ich Dir, kein Problem." Weil er mal eben ficken gehen wollte. Das fand ich total in Ordnung. Aber ich kann mir auch nicht vorstellen, dass das bei anderen Vereinen passiert. Bei meinem Nachfolger kann ich mir das auch nicht vorstellen, dass da ein Spieler angerufen und nach einem Stundenzimmer gefragt hätte. Das hat nicht mit der praktizierten Sexualität zu tun, sondern eher mit meinem Werdegang so, als erlebt zu haben über Jahre und Jahrzehnte, was es heißt, anders zu sein. Einem Rollstuhlfahrer fällt jede Treppe auf. Uns aber nicht. Für einen Rollstuhlfahrer bedeutet eine Treppe ein potenzielles Hindernis, für uns aber nicht. Und wenn wir wie hier im Theater neu bauen, dann holen wir uns von Behinderteninitiativen Ratschläge, wie wir es denn bauen sollen. Ich habe nicht die Ahnung und nicht die Sicht darauf. Am Anfang war das Vorurteil, jeder Schwule hat einen labberigen Händedruck. So richtig Kerl ist der einfach nicht. Das merkst Du auch am Umgang mit anderen. Dann gehst Du auf das Trainingsgelände und gibst jedem die Hand. Dann sagen die, ohne dass es verbalisiert wird, aber ich kann Dir sagen, hundertprozentig: „Der ist doch gar nicht so schwul, wie ich dachte." Irgendwann schmeißt der Schwule dann plötzlich den Trainer raus, der weiß schon, was er will. Also waren diese ganzen Vorurteile im Verein durchaus vorhanden, bei den Fans ebenfalls, wir haben da den schwulen Clown oben an der Spitze. Das hat sich ziemlich schnell ins Gegenteil verkehrt. Bei den Hardcore-Fans redet keiner mehr davon, dass ich schwul bin. Die reden nur noch darüber, was ich ihnen angeblich Böses angetan habe. Bei den Spielern, ich habe immer ein sehr persönliches, vertrautes Verhältnis zu den Spielern gehabt, aber es war immer klar, wo die Grenze ist. Irgendwann ist auch mal Schluss mit lustig. Denen war allen klar, wenn ich (der Spieler) über die Stränge haue, dann kriegen sie auch einen auf das Dach. Dann ist Schluss mit lustig. Unterm Strich ist alles gut gelaufen.

Wie sollten Deiner Meinung nach Vereine gegen Homophobie vorgehen, und wie geht der Verein FC St. Pauli damit um?

Meistens geht ein antischwules Verhalten mit einer rechtsradikalen Gesinnung einher. Es ist ja nicht so, dass man das so isoliert für sich betrachten kann. Der Verein selber ist da schnell mit Worten, langsam mit Taten. Weil langsam mit Taten – du bestrafst ein Verhalten: Der kommt nicht mehr ins Stadion hinein. Das Regulative sind die Fans selber, in den Fangruppen, und wer sich da antischwul oder auch rechtsradikal äußert, der wird ernsthafte Probleme bekommen mit den anderen Fans. Deshalb haben die eigentlich keine Chance beim FC St. Pauli. Auf der anderen Seite, sagen wir mal, was ich auch miterlebt habe, bei Auseinandersetzungen mit Hansa Rostock in der Vereinsführung, kann man natürlich auch Probleme sehr deutlich benennen, und auch in Teilbereichen, was Zugänge zum Stadion oder auch Sonderrechte für bestimmte Gruppen angeht, also in der Kartenvergabe, kann natürlich auch regulativ eingegriffen werden. Zum damaligen Zeitpunkt, also vor fünf Jahren, hat die Vereinsführung von Hansa Rostock verniedlicht, also es waren dann immer erlebnisorientierte Jugendliche, die sich, ja, emotional aufgeladen

Straßenschlachten mit der Polizei lieferten. Die haben dann immer gesagt: „Wir haben keine Rechtsradikalen bei uns." Die nachfolgende Vereinsführung hat sich da viel engagierter verhalten. In der Regel scheuen die Vereinsverantwortlichen sich, sich damit offensiv auseinanderzusetzen, weil diese Gruppe natürlich auch immer Einfluss hat, diese besteht ja nicht aus zehn Leuten oder so, sondern das sind mehrere Hundert. Und so eine Gruppe stellt natürlich ein gewisses Zuschauerpotenzial dar. Eine Zeit lang war das bei Hansa Rostock sehr, sehr heftig, ja. Wenn die die ausgesperrt hätten, hätten sie wahrscheinlich schon ein Drittel weniger Zuschauer gehabt. Das hätte sich dann in der Kasse bemerkbar gemacht. Die Neigung, sich mit einzelnen Fangruppen anzulegen, ist nicht unbedingt Sache der Vereinsverantwortlichen, weil sie auch immer befürchten, ja nicht ganz zu Unrecht, es könne eine Solidarität geben unter den Fangruppen. Alles ist es dann nicht mehr beherrschbar, diese Meinung ist nicht ganz falsch. Also, sich mit einzelnen Gruppen anzulegen, ist nicht ganz risikolos für eine Vereinsführung bis hin dazu, dass sie natürlich … dass es eine ganze Reihe von Vereinen gibt, der HSV genauso wie St. Pauli, wo die Profifußballabteilung nicht ausgegliedert ist, sondern noch im Verein drin ist, mithin also die Vereinsmitglieder bei den Mitgliederversammlungen die Vereinsgremien auch wählen. Da sind schon viele auf ihre Wiederwahl bedacht. Sie sagen sich: „Mit dem lege ich mich jetzt mal nicht an oder bzw. mit denen. Sonst kriege ich bei der nächsten Mitgliederversammlung eins auf den Deckel. Die wählen mich nicht mehr und ich bin den schönen Posten los." Ich wundere mich, dass die sich immer so wenig damit beschäftigen, aber im Grunde genommen ist es eine wirklich spannende Frage: Warum sind die Menschen, die an der Spitze eines Vereins stehen, warum sind die dort? Warum ist einer Vereinspräsident? Warum ist einer Aufsichtsratsmitglied? Es ist eine Frage, der keiner nachgeht. Es gibt noch eine andere interessante Frage, warum gibt es kein Trainerscouting? Es gibt Spielerscouting bis zum Abwinken. Trainerverpflichtungen. Sportdirektoren in der Regel auch, ist die plumpe Kaffeesatzleserei. Bauchgefühl, Vitamin B, viel auch über Beziehungen. Es ist ein Ausbund von Eitelkeiten, was Du Dir nicht träumen lässt. Unglaublich, also, unglaublich. Es handelt sich um so eine

Aufmerksamkeitsgeilheit, wo Dir nichts mehr zu einfällt. Die sagen, ich möchte auch mal im Hamburger Abendblatt stehen oder im Fernsehen sein, das finde ich geil. Egal, ob sie es können oder nicht, die Meisten können es ja gar nicht. Die Motivation, die die antreibt – das ist wirklich eine ganz spannende Frage und endet wahrscheinlich ganz bitter, wenn man dem auf den Grund geht, ich habe das alles erst nach Beendigung meiner Amtszeit wirklich wahrgenommen, ja, ich war ja eigentlich ein untypischer Präsident, weil ich diese ganze Mediengeschichte rauf und runter, weil ich das alles hinter mir hatte. Wir haben 30, 40, 45 überaus populäre Livesendungen im deutschen Fernsehen gemacht. Ich habe überhaupt nicht gedacht: „Jetzt musst du noch mal ins Fernsehen." Vielen Dank auch, ich habe genug Fernsehen gemacht. Ich brauche das nicht für mich. Ich habe Zeit meines Lebens genug mit Journalisten zu tun gehabt. Was soll ich da noch im Abendblatt?

Es gibt aber auch Menschen, die anders darüber denken. Die erste Amtshandlung meines Nachfolgers war z. B., dass er selbst eine Autogrammkarte von sich haben wollte. Dies ist untypisch, weil es Spielern und Trainern vorbehalten ist. Ich bin niemals auf die Idee gekommen: „Macht mal eine eigene Autogrammkarte von mir." Das ist mir überhaupt nicht in den Sinn gekommen. Das ist alles Ausdruck von: „Ich bin wichtig."

Nach dem Aufstieg in die Erste Liga fragte man mich: „Wie kannst Du jetzt aufhören? Ja, aber jetzt könntest Du doch in der Loge bei Borussia Dortmund neben Herrn Watzke sitzen. Oder bei Bayern München neben Ulli Hoeneß." Ich kann auch so neben Herrn Watzke und Herrn Hoeneß sitzen, die muss ich ja nur anrufen. Egal, ob ich Präsident bin oder nicht. Fußball in der sozialen Aufwertung von Personen, die mittelständische Unternehmer sind, die kein Schwein wahrnimmt, die sonst nie irgendwo öffentlich auftauchen, befördert auf einmal Eitelkeiten, ich dachte, das gibt es nur bei Schwulen, aber bei den Heteros ist es noch viel schlimmer. Wie aufgeblasene Hähne wackeln die da rum und verhalten sich auch dementsprechend.

LITERATURVERZEICHNIS

Baur, Nina/ Luedtke, Jens (2008): Konstruktionsbereiche von Männlichkeit. Zum Stand der Männerforschung. In: Baur, Nina/ Luedtke, Jens: Die soziale Konstruktion von Männlichkeit. Hegemoniale und marginalisierte Männlichkeiten in Deutschland. Opladen & Farmington Hills: Verlag Barbara Budrich.

Blaschke, Ronny (2015): Was Hitzlsperger bewirkt hat. In: Süddeutsche.de. http://www.sueddeutsche.de/sport/homosexualitaet-im-fussball-was-hitzlsperger-bewirkt-hat-1.2291027; Zugriff: 22.01.2015.

Bleibtreu-Ehrenberg, Gisela (1978): Tabu Homosexualität. Die Geschichte eines Vorurteils. Frankfurt am Main: S. Fischer Verlag.

Bock, Andreas (2014): „Ich habe mich nie geschämt, dass ich so bin." In: 11 Freunde. Magazin für Fußballkultur. http://www.11freunde.de/galerie/homosexualitaet-im-fussball; Zugriff: 15.01.2015

Bourdieu, Pierre (2005): Die männliche Herrschaft. Frankfurt am Main: Suhrkamp Verlag.

Bourdieu, Pierre (1979): Die feinen Unterschiede. Kritik der gesellschaftlichen Urteilskraft. Frankfurt am Main: Suhrkamp Verlag.

Connell, Robert W. (1999): Der gemachte Mann. Konstruktion und Krise von Männlichkeiten. Opladen: Leske + Budrich.

Daley, Thomas (2013): Something I want to say … https://www.youtube.com/watch?v=OJwJnoB9EKw; Zugriff: 11.01.2015.

Dinges, Martin (2005): Männer – Macht – Körper. Hegemoniale Männlichkeiten vom Mittelalter bis heute. Frankfurt/New York: Campus Verlag.

Dudenredaktion (2000): Duden. Die deutsche Rechtschreibung. Mannheim/Leipzig/Wien/Zürich: Dudenverlag.

Dudenredaktion (1983): Der kleine Duden. Fremdwörterbuch. Mannheim/Wien/Zürich: Dudenverlag.

Emcke, Carolin/ Müller-Wirth, Moritz (2014): „Homosexualität wird im Fußball ignoriert." In: Die Zeit. Ausgabe 03/2014.

Erb, Andreas/ Leibfried, Dirk (2011): Das Schweigen der Männer. Homosexualität im deutschen Fußball. Göttingen: Verlag die Werkstatt.

Flick, Uwe (2011): Triangulation. Eine Einführung (3., aktualisierte Auflage. Wiesbaden: VS Verlag für Sozialwissenschaften.

Flick, Uwe (2011): Qualitative Sozialforschung. Eine Einführung. Hamburg: Rowohlt Taschenbuch Verlag.

Fritz, Thomas (2015): „Es existiert noch immer eine Kultur der Angst" In: Zeit online. http://www.zeit.de/sport/2015-01/hitzlsperger-homosexualitaet-fussball-urban; Zugriff: 20.01.2015.

Gebauer, Gunter/ Krais, Beate (2002): Habitus. Bielefeld: transcript Verlag.

Gilmore, David D. (1990): Mythos Mann (Rollen, Rituale, Leitbilder). München und Zürich: Artemis & Winkler Verlag.

Haack, Melanie (2013): „In einer idealen Welt wäre das hier egal". In: Die Welt. http://www.welt.de/sport/olympia/article122489383/In-einer-idealen-Welt-waere-das-hier-egal.html; Zugriff: 12.01.2015.

de Hek, Alexandra Martine (2011): Homophobie im Fußballsport. In: de Hek, Alexandra Martine/ Kampmann, Christine/ Kosmann, Marianne/ Rüßler, Harald: Fußball und der die das Andere. Ergebnisse aus einem Lehrforschungsprojekt. Freiburg: Centaurus Verlag.

Hertling, Thomas (2011): Homosexuelle Männlichkeit zwischen Diskriminierung und Emanzipation. Eine Studie zum Leben homosexueller Männer heute und Begründung ihrer wahrzunehmenden Vielfalt. Berlin: LIT Verlag Dr. W. Hopf.

Jösting, Sabine (2007): Einarbeitungsprozesse männlicher Jugendliche in die heterosexuelle Ordnung. In: Hartmann, Jutta/ Klesse, Christian/ Wagenknecht, Peter/ Fritzsche, Bettina/ Hackmann, Kristina (Hrsg.): Heteronormativität. Empirische Studien zu Geschlecht, Sexualität und Macht. Wiesbaden: VS Verlag für Sozialwissenschaften.

Konrad, Klaus (2011): Mündliche und schriftliche Befragung. Ein Lehrbuch. Landau: Verlag Empirische Pädagogik.

Krell, Claudia (2008): Das Männerbild von Lesben und Schwulen. In: Baur, Nina/ Luedtke, Jens: Die soziale Konstruktion von Männlichkeit. Hegemoniale und marginalisierte Männlichkeiten in Deutschland. Opladen & Farmington Hills: Verlag Barbara Budrich.

Lahm, Philipp (2011): Der feine Unterschied. Wie man heute Spitzenfußballer wird. München: Antje Kunstmann.

Meinhardt, Gunnar (2013): „Schwuchtel? Das verletzt mich nicht". In: Die Welt. http://www.welt.de/print/wams/sport/article120664032/Schwuchtel-Das-verletzt-mich-nicht.html; Zugriff: 12.01.2015.

Meuser, Michael (2006): Geschlecht und Männlichkeit. Soziologische Theorie und kulturelle Deutungsmuster (2., überarbeitete und aktualisierte Auflage). Wiesbaden: VS Verlag für Sozialwissenschaften.

Meuser, Michael (2008): Ernste Spiele. Zur Konstruktion von Männlichkeit im Wettbewerb der Männer. In: Baur, Nina/ Luedtke, Jens: Die soziale Konstruktion von Männlichkeit. Hegemoniale und marginalisierte Männlichkeiten in Deutschland. Opladen & Farmington Hills: Verlag Barbara Budrich.

Müller, Marion (2009): Fußball als Paradoxon der Moderne. Zur Bedeutung ethnischer, nationaler und geschlechtlicher Differenzen im Profifußball. Wiesbaden: VS Verlag für Sozialwissenschaften.

Rudolph, Kriss (2015): Interview mit Wolfgang Niersbach. In: Männer. Ausgabe 01/2015.

Schäfer, Marc (2015): Interview mit Thomas Hitzlsperger. In: Männer. Ausgabe 02/2015.

Schäfer, William (2010): Die Geschichte des § 175 StGB. http://www.rosahilfefreiburg.de/2010/04/die-geschichte-des-%C2%A7-175-stgb/; Zugriff 20.01.2015.

Scher, Benjamin Niklas/ Urban, Marcus/ Karaschewitz, Christian (2015): Team Vielfalt. Auswahl schwule Profifußballer & Freunde. http://verein-fuer-vielfalt.de/de/team-vielfalt/; Zugriff: 20.01.2015.

Seidel, Matthias (2015): Transfermarkt GmbH & Co. KG. http://www.transfermarkt.de (Zugriff: 08.01.2015)

Semmler, Robert (2012): Cassano-Eklat stört Italiener. In: NWZ online. http://www.nwzonline.de/fussball/cassano-eklat-stoert-italiener_a_1,0,497916421.html; Zugriff: 08.01.2015.

Ulrich, Bernd (2014): Aus dem Abseits. In: Die Zeit. Ausgabe 03/2014.

Völker, Markus (2002): Duschen mit dem Arsch zur Wand. In: Taz. Die Tageszeitung. http://www.taz.de/1/archiv/archiv/?dig=2002/12/14/a0246, Zugriff 08.01.2015.

Walther-Ahrens, Tanja (2011): Seitenwechsel. Coming-out im Fußball. Gütersloh: Gütersloher Verlagshaus.

Ziegler, Meinrad (2008): Heteronormativität und die Verflüssigung des Selbstverständlichen – theoretische Kontexte. In: Bartel, R./ Horwath, I./ Kannonier-Finster, W./ Mesner, M./ Pfefferkorn, E./ Ziegler, M.: Heteronormativität und Homosexualitäten. Innsbruck, Wien, Bozen: Studien Verlag.

DANKSAGUNG

Ein besonderes Dankeschön geht an Cornelius Littmann. Herr Littmann hat sich viel Zeit für mich genommen, um Rede und Antwort zu stehen. Es war für mich ein tolles Erlebnis, das ich nie vergessen werde.

Weitere Publikation des Autors im Tectum Verlag

ISBN 978-3-8288-3512-2
186 Seiten, Hardcover
Tectum Verlag 2015
24,95 € [D]

Christoph Rohlwing

Fußballstadien als Hysterieschüsseln?

Soziologische Studie zum Verhältnis von Architektur, Raum und Gemeinschaft

Fußballstadien im Profifußball haben zu Beginn des 21. Jahrhunderts gesamtgesellschaftliche Relevanz gewonnen. Steht ein Fußballevent wie eine Fußballweltmeisterschaft an, setzt das Gastgeberland alle finanziellen Mittel in Bewegung, um moderne und imposante ‚Fußballtempel' zu bauen. Fußballstadien sind noch weitaus mehr als nur die Austragungsorte für Fußballspiele. Der Hamburger Architekt Volkwin Marg bezeichnet Fußballstadien als „Hysterieschüsseln", was bereits andeutet, dass solchen Orten auch eine gesellschaftliche Bedeutung zukommt.

Christoph Rohlwing fragt, welche Funktionen Fußballstadien in unserer Gesellschaft haben. Der Autor geht davon aus, dass die Merkmale eines Stadions wie Architektur, Raum und Gemeinschaft in einem Verhältnis zueinander stehen und damit einen möglichen Anhaltspunkt zur Funktion von Fußballstadien in unserer Gesellschaft liefern. Interviews mit Architekten, die am Bau von Fußballstadien federführend sind, runden den Band ab.

Zeitfracht Medien GmbH
Ferdinand-Jühlke-Straße 7
99095 Erfurt, Deutschland
produktsicherheit@kolibri360.de